# Git을 이용한 버전 관리

Korean edition copyright © 2014 by acorn publishing Co. All rights reserved.

Copyright © Packt Publishing 2013.
First published in the English language under the title
'Git: Version Control for Everyone'

이 책은 Packt Publishing과 에이콘출판(주)가 정식 계약하여 번역한 책이므로
이 책의 일부나 전체 내용을 무단으로 복사, 복제, 전재하는 것은 저작권법에 저촉됩니다.

# Git을 이용한 버전 관리
### 각종 OS별 설치법부터 기본 원리와 고급 활용까지

라비샨카 소마순다람 지음 | 김지헌 옮김

[PACKT] PUBLISHING

BIRMINGHAM - MUMBAI - SEOUL

Unity 3D Game Development by Example 한국어판
BackTrack 4 한국어판
Android User Interface Development 한국어판
Nginx HTTP Server 한국어판
BackTrack 5 Wireless Penetration Testing 한국어판
Flash Game Development by Example 한국어판
Node Web Development 한국어판
XNA 4.0 Game Development by Example 한국어판
Away3D 3.6 Essentials 한국어판
Unity 3 Game Development Hotshot 한국어판
HTML5 Multimedia Development Cookbook 한국어판
jQuery UI 1.8 한국어판
jQuery Mobile First Look 한국어판
Play Framework Cookbook 한국어판
PhoneGap 한국어판
Cocos2d for iPhone 한국어판
OGRE 3D 한국어판
Android Application Testing Guide 한국어판
OpenCV 2 Computer Vision Application Programming Cookbook 한국어판
Unity 3.x Game Development Essentials 한국어판
Ext JS 4 First Look 한국어판
iPhone JavaScript Cookbook 한국어판
Facebook Graph API Development with Flash 한국어판
CryENGINE 3 Cookbook 한국어판
워드프레스 사이트 제작과 플러그인 활용
반응형 웹 디자인
타이타늄 모바일 앱 프로그래밍
안드로이드 NDK 프로그래밍
코코스2d 게임 프로그래밍
WebGL 3D 프로그래밍
MongoDB NoSQL로 구축하는 PHP 웹 애플리케이션
언리얼 게임 엔진 UDK3
코로나 SDK 모바일 게임 프로그래밍
HBase 클러스터 구축과 관리
언리얼스크립트 게임 프로그래밍
카산드라 따라잡기
엔진엑스로 운용하는 효율적인 웹사이트
컨스트럭트 게임 툴로 따라하는 게임 개발 입문
하둡 맵리듀스 프로그래밍

RStudio 따라잡기
웹 디자이너를 위한 손쉬운 제이쿼리
센차터치 프로그래밍
노드 프로그래밍
게임샐러드로 코드 한 줄 없이 게임 만들기
안드로이드 데이터베이스 프로그래밍
아이폰 위치 기반 애플리케이션 개발
마이바티스를 사용한 자바 퍼시스턴스 개발
Moodle 2.0 이러닝 강좌 개발
티샤크를 활용한 네트워크 트래픽 분석
Ext JS 반응형 웹 애플리케이션 개발
아파치 톰캣 7 따라잡기
제이쿼리 툴즈 UI 라이브러리
코코스2d-x 모바일 2D 게임 개발
노드로 하는 웹 앱 테스트 자동화
하둡과 빅데이터 분석 실무
아이폰 애플리케이션 성능 튜닝
JBoss 인피니스팬 따라잡기
이클립스 4 플러그인 개발
JBoss AS 7 따라잡기
자바 7의 새로운 기능
코드이그나이터 MVC 프로그래밍
마리아DB 따라잡기
오파 웹 애플리케이션 개발
익스프레스 프레임워크로 하는 노드 웹 앱 프로그래밍
JBoss AS 7 애플리케이션 개발
Android Studio Application Development 한국어판
이클립스 Juno 따라잡기
Selenium 웹드라이버 테스트 자동화
R과 Shiny 패키지를 활용한 웹 애플리케이션 개발
자바스크립트로 하는 유니티 게임 프로그래밍
Jersey 2.0으로 개발하는 RESTful 웹 서비스
Python Design Patterns
Kali Linux 실전 활용
Building Machine Learning Systems with Python 한국어판
JavaScript Testing
유니티 NGUI 게임 개발
Sublime Text 따라잡기
Hudson 3 설치와 운용
Git을 이용한 버전 관리

# acorn+PACKT 시리즈를 시작하며

**에이콘출판사와 팩트 출판 파트너십 제휴**

첨단 IT 기술을 신속하게 출간하는 영국의 팩트 출판(PACKT Publishing, www.packtpub.com)이 저희 에이콘출판사와 2011년 5월 파트너십을 체결하고 전격 제휴함으로써 acorn+PACKT Technical Book 시리즈를 독자 여러분께 선보입니다.

2004년부터 전문 기술과 솔루션을 독자에게 신속하게 출간해온 팩트 출판은 세계 각지에서 시스템, 애플리케이션, 프레임워크 등을 도입한 유명 IT 전문가들의 경험과 지식을 책에 담아 새로운 소프트웨어와 기술을 업무에 활용하려는 독자들에게 전문 기술과 경쟁력을 공유해왔습니다. 특히 여타 출판사의 전문기술서와는 달리 좀 더 심도 있고 전문적인 내용으로 가득 채움으로써 IT 서적의 진정한 블루오션을 개척합니다. 따라서 꼭 알아야 할 내용은 좀 더 깊이 다루고, 불필요한 내용은 과감히 걸러냄으로써 독자들에게 꼭 필요한 심층 정보를 전달합니다.

남들이 하지 않는 분야를 신속하고 좋은 품질로 전달하려는 두 출판사의 기업 이념이 맞닿은 acorn+PACKT Technical Book 시리즈의 출범으로, 저희 에이콘출판사는 앞으로도 국내 IT 기술 발전에 보탬이 되는 책을 열심히 펴내겠습니다.

www.packtpub.com을 둘러보시고 번역 출간을 원하시는 책은 언제든 저희 출판사 편집팀(editor@acornpub.co.kr)으로 알려주시기 바랍니다.

감사합니다.

에이콘출판㈜ 대표이사
권 성 준

# 지은이 소개

**라비샨카 소마순다람** Ravishankar Somasundaram

6년 이상 다양한 영역과 분야를 아우르며 고객에게 기술 솔루션을 제공하는 일을 했다. 학습과 교육에 대한 열정이 가득한 라비샨카는, 배움의 유일한 목적은 다양한 관점을 갖게 하는 것이라고 굳게 믿고 있다. 따라서 어떻게 하면 '배우기 위한 학습'을 할 수 있는지에 중점을 두고 다양한 교육 방식을 시도하는 중이다.

소년 과학도 저학년을 대상으로 한 과학 분야에서 여러 번의 수상 경력이 있으며, 기체 역학을 통한 비행기의 발전을 주제로 해 인터스쿨 과학대회에서 ISRO Indian Space Research Organization가 수여하는 '소년 과학도 Junior Scientist'를 수상했다. 어렸을 적 이룬 성과 중 하나다. 대학 졸업 프로젝트는, 모든 프로그래밍 언어에서 프로그래밍의 중간 매체가 영어로만 국한되어 있는 상황에서 IT 분야에 진출하고 싶거나 아이디어를 구현해보고 싶지만 영어를 몰라 제한받는 사람들에 초점을 둔 것으로, MIT NRCFOSS의 투자를 받고 랜드마크로 고려됐다.

2010년 초, 인도에서 선정된 7인 중 한 명으로, 그리고 타밀 나두 Tamil Nadu 주에서는 유일하게 무들 Moodle 코드의 공식 서드파티 개발자가 됐다. 무들 공식 포럼과 IRC를 통해 사람들을 돕기 위해 자신의 지식을 공유했다. 또한 무들에 관한 제9회 국제 타밀 인터넷 컨퍼런스에서 인류에게 알려진 가장 오래된 언어 중 하나인 타밀어에 대한 사용자 기반을 확대하기 위해 무들 기능을 이용해 개선한 학습법을 발표했다.

현재 서드웨어 Thirdware 사의 기술 솔루션을 이끌며 업계 최신 동향에 맞춰 '차세대 모바일' 분야에 주력하고 있다. 특히 R&D 부서의 수장인 수석 기술 분석가로서 엔터프라이즈 모바일(MEAP 부문) 분야에 총력을 기울이고 있다.

최근에는 '유그마 Yugma: 혁신 잠재력 해방하기' 국제 컨퍼런스에 기업 대표로 나와서 차세대 엔터프라이즈 모바일 솔루션에 가능성을 열어줄 인공지능 기술에 대한 발표를 하기도 했다.

# 감사의 글

내가 만난 모든 이에게 감사한다. 그들은 내가 어려움에 처하고 끊임없는 비판을 받을 때 내게 영감을 주고 올바른 방향성을 제시해주고 나를 이끌어줬으며, 내 경력과 삶을 언제든 개선할 수 있는 여지가 있음을 깨닫게 해줬다.

지식을 쌓고 경력을 형성하는 데 소중한 기회를 준 내 고객과 상사, 동료들에게 감사를 표하고 싶다.

IRC에 상주하는 모든 이에게 감사한다. 맥$^{Mac}$ 스크린샷을 제공해준 론에게 특히 고맙다.

내가 이룬 모든 것을 달성할 수 있도록 도와주신 사랑하는 아버지와 어머니, 든든한 지원군 동생, 나를 이해해준 매두, 내 친구들(특히 스리다, 란지스, 람야, 안티노 솔라, 크리쉬난), 그리고 지원해준 친지들에게 바친다.

마지막으로, 나의 지식을 공유할 수 있는 좋은 기회를 준 팩트 출판사에 고맙고 이 책을 읽는 여러분에게 감사한다!

# 기술 감수자 소개

**지오반니 조르지** Giovanni Giorgi

이탈리아 밀라노에 살며, 문화적 배경이 탄탄한 IT 전문가다.

1974년에 태어났으며, 11세 때 코모도 8비트 컴퓨터를 다루기 시작했다.

전문대 재학 중에는 라틴어와 그리스어를 공부했으며, 취미로 터보 파스칼과 C 프로그래밍 언어를 다뤘다.

1993년 9월에 대학교에 입학했다. 그 후 일 년간 오픈소스 철학과 사랑에 빠졌다.

2000년, 이탈리아 밀라노의 DSI에서 정보기술로 석사학위를 땄다. 현재 NTT 데이터에서 IT 컨설턴트로 근무하면서 은행과 금융 프로젝트 분야에서 15년의 경력을 쌓았다.

이탈리아 밀라노 팀과 인도 푸네 팀의 업무를 조율하는 대규모 프로젝트를 진행할 때 버전 관리 시스템으로 깃을 채택, 사용했다.

현재 자신의 블로그(http://gioorgi.com)에 기고 중이다.


**마이클 스몰리** Michael J. Smalley

펜실베이니아 필라델피아에서 시작한 기술 컨설팅, 교육, 개발 조직인 스몰리 크리에이티브 유한회사의 창업자다. 전문가 시스템의 관리자이고 프로그래머며, 인기 있는 스몰리 크리에이티브 블로그 Smalley Creative Blog에 정기적으로 튜토리얼 소스와 뉴스, 기술적인 해결책 등을 기고하고 관리한다. 기업가 정신, 교육, 창조적인 벤처 기업, 경제적 독립을 비롯해 빈티지 컴퓨터, 게임, 로드 바이크와 음악에 관심이 많다.

컴퓨터를 하지 않을 때는 벅스 카운티 게임 Bucks County Game 제작자 모임을 주관하고,

기술과 배움의 기회는 누구에게나 열려있어야 함을 강변하고 다니며, 자신이 지극히 내향적인 분야에서 외향적인 인물임을 자랑스러워하며, 또한 아내 칼리와 여행도 다닌다.

언제나 나의 뻔뻔스러움, 미친 듯한 관심과 노력의 생각들이 결실을 맺을 수 있도록 내 열정을 지지해주는 지적이면서 아름답고 창조적인 아내 칼리 화이트 스몰리에게 먼저 감사를 전한다. 내가 균형 잡힌 삶을 살 수 있도록 격려하고, 불굴이란 무엇인지 보여줬으며, 이런 자질들을 주변 사람들에게 전할 수 있게 해준 우아하고 헌신적인 어머니 리사 스몰리에게 감사한다. 가족을 위해 노력과 헌신을 아끼지 않았던 아버지 마이클 스몰리, 아버지는 주변 세상에 관한 나의 끝없는 질문들을 단순하고 순진한 호기심이 아니라 진리와 지식에 관한 욕망으로 이해해주셨다. 또한 나와 절대적인 신뢰 관계인 동생 데이비드 스몰리에게도 감사하다. 평생 개만 사랑하던 사람도 고양이를 사랑할 수 있음을 일깨워준 나의 사랑스런 페르시안 고양이 데스몬드, 마지막으로 내 지식을 공유할 수 있는 기회를 준 팩트 출판사와 지금 이 책을 읽고 있는 여러분에게 고맙다고 말하고 싶다!

**"모든 이들은 꿈을 꾸지.** 그러나 모두가 같지는 않지. 밤에 꿈을 꾸는 이들은 아침에 일어나 허황됨을 찾아 나서지. 그러나 낮에도 꿈을 꾸는 자는 위험하지. 그들은 눈을 뜨고도 꿈을 이루기 위해 행동하고 그것을 가능하게 만들 수 있지."

- T. E. 로렌스, 지혜의 일곱 기둥(Seven pillars of Wisdom).

# 옮긴이 소개

**김지헌** ihoneymon@gmail.com

'개발은 취미 생활을 즐기기 위한 부업 활동'이라는 건방진 소리를 쉬이 내뱉는 프로그래머다. 스쿠버 다이빙, 스포츠 클라이밍, 로드 라이딩을 즐기는 괴상한 프로그래머로, 개발과 관련된 새로운 기술들에 대해 관심이 많다. 귀찮은 걸 싫어하는 게으름뱅이치고는 부지런하게 여행 다니고 레저를 즐기고 개발 관련 컨퍼런스에 참가하고 개발자들과 만나는 것을 즐긴다. '넓고 얕은 지식' 체계를 선호하는 제너럴리스트를 지향하는 일반인이다.

# 옮긴이의 말

"깃$^{Git}$은 어렵다?"

소스코드 버전 관리 시스템$^{VCS,\ Version\ Control\ System}$을 선정할 때 깃을 추천하면 종종 듣는 이야기다. 아직까지 우리에게 깃은 낯선 존재다. 우리나라에서는 깃보다 SVN을 더욱 친숙하게 생각하는 개발자들이 많다. 일반적으로 깃은 터미널 창을 열어 명령을 입력하며 제어해야 하기 때문에 많은 개발자가 이질감을 느낀다. 그러나 깃의 강력한 기능을 쉽게 사용할 수 있게 해주는 GUI 클라이언트가 있다. 아틀라시안$^{Atlassian}$에서 만든 소스트리$^{SourceTree}$를 비롯해 이미 많은 통합개발환경$^{IDE}$(이클립스, 인텔리제이 등)에서 깃의 기능을 지원한다.

깃을 처음 사용하는 것은 쉽지 않지만, 배우는 것은 결코 어렵지 않다. 상황에 따라 차분하게 명령을 입력하고 그 결과를 확인하는 과정을 진행하고 나면 그리 어렵지 않다는 사실을 알게 될 것이다. 깃을 처음 접하는 사람들에게 "애드$^{add}$하고 커밋$^{commit}$하고 끌어오고$^{pull}$ 충돌$^{conflict}$한 후 병합$^{merge}$하고 나서 밀어 넣으면$^{push}$ 된다." 라고 설명하면 처음에는 '귀신 씨나락 까먹는 소리'라고 생각할 것이다. 하지만 저 한 문장에서 설명하는 기능만 이해하고 나면 "깃을 쓸 줄 안다."고 이야기할 수 있게 된다.

깃을 추천하는 가장 큰 이유는 분기$^{branching}$와 병합$^{merging}$이 여타 버전 관리 시스템에 비해 훨씬 쉽기 때문이다. 깃을 이용하면, 개발할 때 기능을 최소 단위로 쪼개고 그 단위 기능별로 분기를 생성하고 단위 기능을 병합하는 과정이 매우 쉽다. 이 강력한 기능에 빠져들고 나면 다른 버전 관리 시스템을 사용하기가 어려워질 정도다.

기술을 배울 때에는 차근차근 따라 하는 것이 중요하다. 기술의 개념을 이해하는 과정은 지루한 경우가 많다. 반면 화면을 보면서 명령을 입력하고, 그 결과를 바로바로 확인하면 재미있을 뿐 아니라 효과적이다.

머리로 생각하는 것이 아니라 손이 기억하게 하는 것이 가장 친숙한 지식 습득과정이기 때문이다.

이 책은 깃에 익숙한 사람에게는 시시한 내용일 수 있지만, 깃을 처음 접하는 사람이 다양한 사용 환경에서 깃을 이용하면서 참고하기에는 좋다. 다양한 운영체제를 사용하는 사람들을 대상으로 단계별로 깃의 기능을 설명하고 따라 해보고 왜 그렇게 동작하는지 짚고 넘어가게 구성돼 있다.

"깃은 생각하는 것만큼 어렵지 않다!"

부담감을 버리고 차분하게 시작하자. '천 리 길도 한걸음부터'니까. 개발자에게 '깃'이라는 강력한 무기를 획득할 수 있는 좋은 기회다.

바로 GoGo!

김지헌

# 목차

지은이 소개 ........... 7
감사의 글 ........... 8
기술 감수자 소개 ........... 9
옮긴이 소개 ........... 11
옮긴이의 말 ........... 12
들어가며 ........... 21

## 1 버전 관리 시스템 소개 ........... 27

무엇을 도와드릴까요? ........... 28
버전 관리 시스템이란? ........... 28
버전 관리 시스템이 필요한 이유 ........... 29
버전 관리 시스템의 종류 ........... 31
    로컬 버전 관리 시스템 ........... 32
        토막 상식 ........... 32
    중앙 집중형 버전 관리 시스템 ........... 33
    분산 버전 관리 시스템 ........... 34
깃에 빠져들다 ........... 36
    원자성 ........... 37
    성능 ........... 37
    보안성 ........... 39
정리 ........... 40

# 2 깃 설치     41

## 유형 선택: 운영체제에 적합한 패키지 다운로드     42

   윈도우     43

   리눅스     43

   맥     44

   설치     44

   실습 예제 | 윈도우에 깃 설치     44

   실습 예제 | 맥에 깃 설치     50

   실습 예제 | 리눅스에 깃 설치     52

## 정리     57


# 3 생산성 증대     59

## 준비: 깃 준비     60
## 초기화     60

   실습 예제 | GUI 모드에서 초기화     60

   실습 예제 | CLI 모드에서 초기화     63

   화면 뒤에서 일어난 일     64

   깃 설정     64

   실습 예제 | GUI 모드에서 깃 설정     64

      되돌아가기     65

   실습 예제 | CLI 모드에서 Git 설정     66

## 디렉토리에 파일 추가     67

   실습 예제 | (GUI와 CLI 모드에서) 디렉토리에 파일 추가     68

   파일 추적 배제     70

   번거로운 작업     71

      구원의 .gitignore     72

   실습 예제 | .gitignore의 사용 방법     72

   추가 되돌리기     74

| 추가된 파일 커밋 | 74 |
| --- | --- |
| 실습 예제 \| GUI 모드에서 파일 커밋 | 75 |
| 실습 예제 \| CLI 모드에서 파일 커밋 | 76 |
| 실습 예제 \| GUI 모드에서 재스캔 | 77 |
| **체크아웃** | **78** |
| 실습 예제 \| GUI 모드에서 체크아웃 | 78 |
| 실습 예제 \| CLI 모드에서 체크아웃 | 81 |
| **리셋** | **83** |
| 실습 예제 \| GUI 모드에서 리셋 | 84 |
| 실습 예제 \| CLI 모드에서 리셋 | 85 |
| 깃 도움말 | 86 |
| **정리** | **87** |

# 4 깃을 이용한 분산 작업    89

## 파일을 공유해야 하는 이유    90

| 시나리오 1: 1인 플레이어 | 90 |
| --- | --- |
| 시나리오 2: 동시에 여러 명의 플레이어 접속 | 90 |
| 원격지의 소스를 푸시하고 풀기 | 91 |
| 시나리오 1: 해결책 | 92 |
| 공개: 인터넷을 통해 공유 | 92 |
| 실습 예제 \| CLI 모드에서 원격지의 origin 추가 | 97 |
| 실습 예제 \| CLI 모드를 이용해 다른 곳에서 작업 시도 | 98 |
| 실습 예제 \| GUI 모드에서 원격지의 origin 추가 | 99 |
| 실습 예제 \| GUI 모드를 이용해서 작업 재개 | 103 |
| 시나리오 2: 해결책 | 108 |
| 비트버킷 저장소에 사용자들 초대 | 108 |
| 로컬에 머무르기: 인트라넷으로 공유 | 111 |
| 실습 예제 \| CLI 모드에서 노출된 저장소 생성 | 113 |
| 실습 예제 \| GUI 모드에서 노출된 저장소 생성 | 114 |

**정리**    115

## 5 깃의 고급 기능　　　　　　　　　　　　　　　117

**고급 기능을 배워야 하는 이유**　　　　　　　　117
   준비물　　　　　　　　　　　　　　　　　　118
   Shortlog　　　　　　　　　　　　　　　　　118
     실습 예제 | 짧은 로그에 대한 지식 얻기　　　119
     실습 예제 | 짧은 로그의 파라미터　　　　　　120
   로그 검색: git log　　　　　　　　　　　　 122
     실습 예제 | 커밋 로그 건너뛰기　　　　　　　123
     실습 예제 | 날짜 범위를 지정해 로그 필터　　124
     실습 예제 | 단어나 철자 검색　　　　　　　　126
   청소(Clean)　　　　　　　　　　　　　　　127
     실습 예제 | 엉망진창으로 흩트리기　　　　　128
     실습 예제 | 패턴에 부합하는 혼란한 상태를 말끔히 청소　　129
     실습 예제 | 에러 없이 혼란 상태를 완벽히 쓸어내기　　130
   태깅　　　　　　　　　　　　　　　　　　　131
     실습 예제 | 경량/비주석 태그　　　　　　　　132
     실습 예제 | 태그 참조　　　　　　　　　　　135
     실습 예제 | 주석 태그 사용　　　　　　　　　136
       간단한 실습　　　　　　　　　　　　　137
**정리**　　　　　　　　　　　　　　　　　　　138

## 6 텍스트 기반 파일을 위한 깃　　　　　　　141

**텍스트 기반 파일을 위한 깃: 소개**　　　　　141
**다중 플레이어 모드: 동시에 여러 명의 플레이어**　　143
   한 번에 한 명씩만 하는 다중 플레이어　　　144
   다중 플레이어: 모든 손을 탁자 위에　　　　144
     저장소 공유　　　　　　　　　　　　　　145
   실습 예제 | 공유 준비　　　　　　　　　　　145
   실습 예제 | 강제 분산 작업　　　　　　　　　147

| 실습 예제 \| Bob의 변경 | 149 |
| 실습 예제 \| Lisa의 변경 | 151 |
| 실습 예제 \| Lisa의 병합 충돌 시험 | 152 |
| 실습 예제 \| Lisa의 병합 충돌 해결 | 153 |
| GUI 모드: 저장소 이력 그래프 확인 | 157 |
| CLI 모드: 저장소 이력 그래프 확인 | 157 |
| 실습 예제 \| 중앙 노출된 저장소에 대한 동기화 처리 | 158 |
| 정리 | 160 |

# 7 깃을 사용한 분기     161

## 분기란?     161
## 왜 분기가 필요한가?     162
### 명명 규약     163
## 분기가 필요할 때     164
## 깃으로 분기     166
### 시나리오     166
### 실습 예제 | GUI 모드에서 분기 생성     167
### 실습 예제 | CLI 모드에서 분기 생성     168
## .config 파일: 에일리어스 사용     173
### 실습 예제 | CLI에서 간단한 에일리어스 추가     173
### 실습 예제 | CLI에서 하나의 에일리어스에 명령 엮기     174
### 실습 예제 | GUI에서 복잡한 에일리어스 추가     176
## 정리     178

# 8 깃의 원리     179

## 깃의 두 면모: 플러밍과 포셀레인     180
## 깃 초기화(git init)     180
### Hooks     181
### Info     181

| | |
|---|---|
| Config | 181 |
| Description | 182 |
| Objects | 182 |
|     Blob | 182 |
|     Trees | 183 |
|     Commits | 183 |
|     Tags | 183 |
| HEAD | 183 |
| Refs | 184 |
|     heads와 tags 디렉토리 내부에서 충돌 알림 | 184 |
| Index | 185 |
| 깃: 콘텐츠 추적 시스템 | 185 |
| 깃 추가(git add) | 186 |
| 깃 커밋(git commit) | 187 |
| 깃 상태(git status) | 188 |
| 깃 복제(git clone) | 189 |
| 깃 원격(git remote) | 190 |
| 깃 분기(git branch) | 190 |
| 깃 태그(git tag) | 191 |
| 깃 패치(git fatch) | 192 |
| 깃 병합(git merge) | 192 |
| 깃 풀(git pull) | 193 |
| 깃 푸시(git push) | 193 |
| 깃 체크아웃(git checkout) | 193 |
| 관계와 관계 엮기: 깃 packfiles | 194 |
|     packfile 전송 | 195 |
| 정리 | 196 |

| | |
|---|---|
| 찾아보기 | 197 |

# 들어가며

이 책은 깃$^{Git}$을 사용해본 경험이 없는 사용자가 깃 버전 관리 시스템$^{Version\ Control}$ $^{System}$을 사용해 모든 형태의 전자 데이터를 효과적으로 처리하고 생산성을 향상시킬 수 있도록 안내한다.

설치 과정을 안내하는 단계별 예제와 실행 화면을 통해 데이터 버전 관리 최적의 도구인 깃의 개념을 이해할 수 있도록 구성했다.

각 장은 단순하고 일상적인 사례와 비유를 들어 개념을 설명하며, 이를 통해 유용한 학습 경험을 얻을 수 있다.

특히 윈도우와 리눅스, 맥 OS 등 다양한 환경을 고려해 모든 상황을 GUI$^{Graphic}$ $^{User\ Interface}$와 CLI$^{Command-Line\ Interface}$로 설명한다.

마지막 8장에서는 독자들이 1~7장에서 수행했던 깃의 기능을 실행할 때 생기는 변화들을 손쉽게 이해할 수 있게 구성했다. 이 책을 읽기 전에 깃을 사용해본 독자들도 흥미로워 할 것이다.

책을 다 읽을 즈음이면 이론적인 지식은 물론이고 디지털 파일들을 다루는 방식을 변화시킬 때 필요한 개념에 대한 이해와 경험을 얻게 될 것이라 확신한다.

## 이 책에서 다루는 내용

**1장, 버전 관리 시스템 소개**에서는 버전 관리 시스템의 개념과 소개, 변천사와 필요성, 그리고 깃이 버전 관리 시스템 중에서 최고로 손꼽히는 이유를 알아본다.

**2장, 깃 설치**에서는 운영체제별로 깃 설치 방법을 안내한다.

**3장, 생산성 증대**에서는 깃을 사용해 파일의 버전을 관리할 때 알아야 할 기본적이고 중요한 5가지 개념(저장소$^{Repository}$ 준비, 파일 추가$^{add}$, 파일 커밋$^{commit}$, 버전 관리 시작, 체크아웃$^{checkout}$을 사용한 복구, 필요한 경우 리셋$^{reset}$으로 복구)을 설명한다.

**4장, 깃을 이용한 분산 작업**에서는 인트라넷과 인터넷 등 다양한 매체를 통해 콘텐츠를 공유하는 협업 개발의 요점을 알려주고, 여러 사람들이 각기 다른 장소에서 함께 작업하기 위한 다양한 방법을 제시한다.

**5장, 깃의 고급 기능**에서는 1~4장에서 익힌 깃의 일반적인 동작들을 다양한 상황에서 향상시킬 수 있는 팁과 유용한 정보를 설명한다.

**6장, 텍스트 기반 파일을 위한 깃**에서는 깃의 가장 강력한 장점 중 하나인 병합$^{Merging}$이라는 새로운 기능을 알아본다. 콘텐츠를 병합하는 방법과 병합 과정에서 발생할 수 있는 충돌$^{Conflict}$을 해결하는 방법을 설명한다.

**7장, 깃을 사용한 분기**에서는 깃에서 가장 높게 평가받는 기능 중 하나인 분기$^{Branching}$의 중요성과 작업 모드를 변경하는 실행 방법을 설명한다.

**8장, 깃의 원리**에서는 깃의 내부 동작 방식을 심도 있게 살펴보고, 그것들을 간단한 용어로 이해한다. 1~7장에서 실행했던 여러 가지 깃 명령이 실행될 때 어떻게 동작하는지 기초적인 수행 과정도 설명한다.

## 준비물

이 책의 개념을 배우기 위한 기본적인 요구 사항은, 인터넷이 연결돼 있고 관리자 권한(혹은 깃 설치를 위한 최소한의 권한)이 설정된 윈도우, 리눅스, 맥 운영체제 실행 환경이 필요하다. 추가로 자신이 애용하는 텍스트 편집기와 Zip 유틸리티(기본적으로 하나는 설치돼 있을 것이다)와 워드 문서를 만들 마이크로소프트 오피스, 오픈오피스, 리브레 오피스 같은 오피스 패키지가 필요하다.

## 이 책의 대상 독자

이 책은 컴퓨터를 사용해 효율적인 방법으로 자신이 가진 파일들의 다양한 버전을 유지하거나 다른 위치에 저장된 혼란스런 파일명을 지닌 수많은 파일을 하나하나 열어보는 번거로운 작업 없이 각 버전을 살펴보고 싶은 이들을 대상으로 한다.

또한 이 책은 깃이나 여타 버전 관리 시스템을 사용해본 사람들을 대상으로 한다. 깃의 내부 동작을 간단한 용어들로 설명하는 데 초점을 둔 마지막 8장에서 흥미로운 요소들을 발견할 것이다.

## 편집 규약

이 책에는 다양한 표제어가 자주 등장한다.

작업 과정이나 절차를 설명할 때는 다음 표제어를 사용한다.

### 실습 예제 | 표제어

1. 설명 1
2. 설명 2
3. 설명 3

부연 설명이 필요한 부분에는 다음과 같은 '보충 설명'이 이어진다.

### 보충 설명 |

여기에서는 바로 전에 다룬 실습 예제에 대해 자세히 설명한다.

추가로 학습에 도움이 되는 다음과 같은 '도전 과제'도 볼 수 있다.

### 도전 과제 | 표제어

여기서는 실질적인 도전 과제를 제시하고, 앞에서 배운 내용을 시험할 수 있는 아이디어를 제공한다.

텍스트 역시 내용에 따라 다양한 형식으로 표기했다. 몇 가지 형식과 그 의미를 예로 들면 다음과 같다.

코드를 본문에 표기할 때는 코드 서체를 사용한다.

예) `commit` 명령을 실행했을 때 커밋 객체는 앞서 사용된 `git add` 명령이 추가한 콘텐츠와 변경 사항에 관한 메타데이터를 생성한다.

코드 블록은 다음과 같이 표기한다.

```
[remote "capsource"][honeymon1]
url = https://github.com/cappuccino/cappuccino
fetch = +refs/heads/*:refs/remotes/capsource/*
```

커맨드라인 입력이나 출력은 다음과 같이 표시한다.

```
git add .
git commit -m 'Unfinished list of marketing team'
git checkout master
```

화면, 메뉴, 대화상자 등에 출력된 단어를 본문에 표기할 때는 고딕체를 사용한다.

예)  Add 버튼을 클릭한다.

경고나 중요한 사항은 이와 같은 박스로 표시된다.

팁과 트릭은 이렇게 표시된다.

## 독자 의견

독자의 의견은 언제나 환영이다. 이 책에 대한 생각, 좋은 점과 나쁜 점을 알려주기 바란다. 더 유익한 책을 만들기 위해 독자의 의견은 필수적이다.

일반적인 의견은 이 책의 제목을 메일 제목으로 해서 feedback@packtpub.com으로 보내면 된다.

필요하거나 출판되기 원하는 책이 있다면 그 내용을 www.packtpub.com에 있는 SUGGEST A TITLE 서식이나 이메일(suggest@packtpub.com)을 통해 보내면 된다.

자신이 특정 분야의 책을 쓰거나 기여하는 데 관심이 있다면 www.packtpub.com/authors에 있는 저자 가이드를 참조하기 바란다.

## 고객 지원

팩트 출판사의 구매자가 된 독자에게 도움이 되는 몇 가지를 제공하고자 한다.

**이 책에 사용된 예제 코드 다운로드**

이 책의 예제 코드는 http://www.PacktPub.com의 계정을 통해 다운로드할 수 있다. 다른 곳에서 구매한 경우에는 http://www.PacktPub.com/support를 방문해 등록하면 파일을 이메일로 직접 받을 수 있다. 에이콘출판사의 도서정보 페이지 http://www.acornpub.co.kr/book/git에서는 한글판에 맞춘 예제 코드를 다운로드할 수 있다.

## 오탈자

내용을 정확하게 전달하기 위해 최선을 다했지만, 실수가 있을 수 있다. 팩트 출판사의 책에서 코드나 텍스트상의 문제를 발견해서 알려준다면 매우 감사하게 생각할 것이다. 그런 참여를 통해 다른 독자에게 도움을 주고, 다음 버전에서 책을 더 완성도 있게 만들 수 있다. 오자를 발견한다면 http://www.packtpub.com/support를 방문해 이 책을 선택하고, 정오표 제출 양식을 통해 오류 정보를 알려주기 바란다. 보내준 내용이 확인되면 웹사이트에 그 내용이 올라가거나, 해당 서적의 정오표 섹션에 그 내용이 추가될 것이다. http://www.packtpub.com/support에서 해당 타이틀을 선택하면 지금까지의 정오표를 확인할 수 있다. 한국어판은 에이콘출판사 도서정보 페이지 http://www.acornpub.co.kr/book/git에서 찾아볼 수 있다.

## 저작권 침해

인터넷에서의 저작권 침해는 모든 매체에서 벌어지고 있는 심각한 문제다. 팩트 출판사에서는 저작권과 라이선스 문제를 아주 심각하게 인식하고 있다. 어떤 형태로든 팩트 출판사 서적의 불법 복제물을 인터넷에서 발견하다면 적절한 조치를 취할 수 있게 해당 주소나 사이트명을 즉시 알려주길 부탁한다.

의심되는 불법 복제물의 링크를 copyright@packtpub.com으로 보내주기 바란다.

저자와 더 좋은 책을 위한 팩트 출판사의 노력을 배려하는 마음에 깊은 감사의 뜻을 전한다.

## 질문

이 책에 관련된 질문이 있다면 questions@packtpub.com을 통해 문의하기 바란다. 최선을 다해 질문에 답해 드리겠다. 한국어판에 관한 질문은 이 책의 옮긴이나 에이콘출판사 편집팀(editor@acornpub.co.kr)으로 문의해주길 바란다.

# 1

# 버전 관리 시스템 소개

예기치 못했던 사고가 일어났을 때 시간을 되돌릴 수 있었으면 하고 간절히 바라던 경험은 누구나 있을 것이다. 소설 같은 이야기로 들리겠지만, 디지털 파일에서 사고가 일어났을 때 되돌릴 수 있는 방법이 있다. 제대로 읽은 게 맞다. 1장에서는 이런 마법 같은 일이 가능하게 만드는 시스템을 소개한다. 1장에서는 깃(Git)을 이용해 버전 관리를 하는 방법에 대한 확실한 개념을 이해하게 될 것이다.

1장에서 살펴볼 내용은 다음과 같다.

- 버전 관리 시스템이란 무엇인가?
- 버전 관리 시스템을 어디서 사용할 것인가?
- 버전 관리 시스템은 어떻게 발전했는가?
- 버전 관리 시스템들 중에서 깃이 최적의 도구로 손꼽히는 이유는 무엇인가?

1장의 마지막에 다다를 즈음이면 디지털 파일들 여기저기에서 벌어지는 잦은 변화를 어떻게 다루는 것이 효과적인지를 머릿속에 그려볼 수 있다. 그럼, 시작해보자.

## 무엇을 도와드릴까요?

나는 어른의 도움으로 컴퓨터를 켰다 끄는 방법을 배우기 전부터 컴퓨터 게임을 배웠다. 초창기 게임들은 게임 진행 중에 저장하는 것을 허용하지 않아 두려움을 불러일으킬 만큼 실망스런 순간들을 경험해야 했다. 간혹 저장 기능을 제공하더라도 한 순간의 한 진행 상황만 저장할 수 있었다. 게임 진행 중에 앞서 저장했던 순간으로밖에 되돌아갈 수 없었다. 미리 현재 상태를 저장해두는 기능은 나중에 다시 시작할 때나 게임에서 졌을 때, 또는 도저히 이길 수 없는 상황에서 게임을 되돌리고자 하는 경우 게임을 더욱 재미있게 하는 요소가 된다.

컴퓨터 게임의 이런 상황은 디지털 파일을 작업하는 경우에도 동일한 상황이 벌어진다. 되돌리기$^{Undo}$나 다시하기$^{Redo}$ 같은 옵션은 파일을 열어놓은 상황에서는 유용하지만, 그 외의 상황에서는 사용할 수 없다. 즉, 파일을 열 수 없는 상황에서는 이전 상태로 되돌아가거나 마지막으로 저장하기 전에 변경한 내용을 되돌리고 싶더라도 그렇게 할 수 없다.

동일한 파일에 대한 다양한 버전을 유지하고 싶은 경우에도 마찬가지다. 이런 경우에는 새로운 파일에 순차적인 파일명을 지정하면서 다양한 버전을 유지하는 방법이 가장 널리 통용된다. 예를 들면 Inventory_product_2011-09-21.doc, System_requirement_specification_v6.xls 같은 형식으로 파일명을 지정하는 경우를 들 수 있다. 이런 방법은 유지 관리해야 하는 파일의 수가 많아지고 버전이 증가할수록 고통스러워진다.

이런 상황에 효과적으로 대처할 수 있는 방법을 궁리해봤거나 고민해봤다면 1장의 끝에 가면 기뻐할 것이다. 이제 버전 관리 시스템$^{VCS,\ version\ control\ system}$에 대해 알아보자.

## 버전 관리 시스템이란?

파일이나 파일 묶음의 버전을 정기적으로 기록해뒀다가 나중에 파일의 특정 버전을 요청받았을 때 되돌릴 수 있는 능력을 가진 시스템을 '버전 관리 시스템'이라 한다.

좀 더 명확하게 설명하자면 버전 관리 시스템은 파일의 상태를 주시하고 있다가 파일이 변경된 경우 해당 변경 사항에 대한 태그를 표시해뒀다가 사용자가 원하는 경우 표시해둔 단계로 복귀할 수 있는 소프트웨어 패키지다.

실행 준비된 버전 관리 시스템은 파일의 변동 사항에 관한 모든 이력을 관리하는 데 사용할 생성물들을 파일과 동일한 장소의 로컬 디렉토리에 만든다.

## 버전 관리 시스템이 필요한 이유

여러분이 현재 사용하는 시스템의 상황을 고려해 다음 질문들에 답해보자.

- 파일에 대한 변경 이력을 파일명에 드러내는 것을 최소화하면서 동일한 파일명으로 다양한 버전들을 유지할 수 있는가?
- 현재부터 변경된 부분을 나중에 되돌리는 상황에 대비해 파일이나 파일들의 콘텐츠에서 특정 영역을 마킹할 수 있는 방법이 있는가?
- 'backup'이라는 이름의 분리된 폴더 안에 콘텐츠를 복사하고 붙여 넣은 파일이나 파일 묶음을 안전하게 보관할 수 있는 최소한의 시나리오를 갖고 있는가? 그리고 정기적으로 갱신되는가?

이 질문들에 대해 분명하게 '아니오'라고 답했다면 버전 관리 시스템과 이 책이 필요하다.

질문들에 대해 '네'라고 대답한다면 그런 문제들을 해결할 방법을 찾아내 관리하고 있을 것이다. 간단한 방법 중에 최근 출시한 윈도우의 복구 지점을 만들어내는 방법이 있을 것이다. 워드, 엑셀이나 파워포인트 같은 파일들은 문서의 모든 변경 이력에 대한 복구 지점을 내부적으로 저장한다.

버전 관리 시스템이 가진 위력과 단순함, 쉬운 사용성을 이용한 다양한 해결책을 보면 놀랄 것이다. 버전 관리 시스템을 이용하면 시간을 절약하며, 현재의 노력으로 얻을 수 있는 것보다 더 나은 결과를 달성할 수 있다.

버전 관리 시스템을 사용하면 문서에서 발생하는 변화의 흐름을 제어할 수 있는

힘을 갖게 된다. 원한다면 언제나 현재 콘텐츠의 변동 사항들을 태그와 스테이지로서 표시해뒀다가 되돌릴 수 있다. 이런 기능은 의도치 않았던 상황에 들어서거나 문서의 내용 중 일부를 이전 상태로 되돌려야 하는 경우 안전장치 역할을 한다.

다음 흐름도는 버전 관리 시스템이 없는 상황에서의 콘텐츠 생성 흐름을 보여준다.

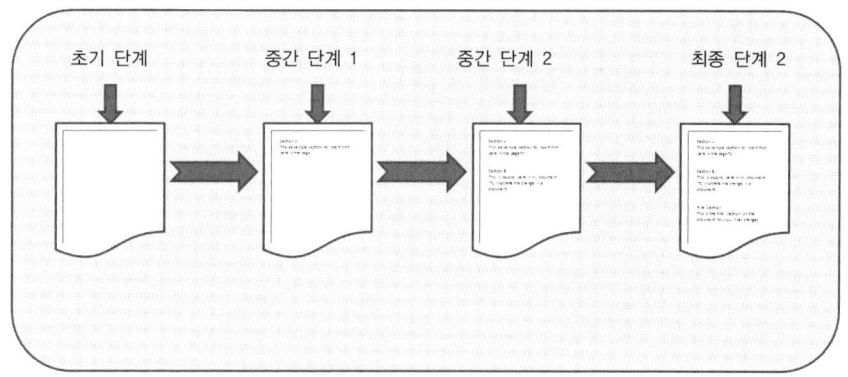

이 그림은 하나의 주기 안에서 특정 시점별 콘텐츠의 생성 흐름을 보여준다. 특정 시점별로 콘텐츠가 생성되는 것은 단방향적이다. 일반적으로 작성되는 문맥적인 흐름은 왼쪽에서 오른쪽으로 이동한다. 이 흐름에서 최종 단계에 도달하면 완전히 다른 방향인 이전 단계로 돌아갈 수 없다.

흐름도를 이용해 설명하자면 데이터 손실 없이 새로운 목적으로 완전히 다른 세 번째 단락을 작성하는 최종 단계에서는 어느 중간 단계로든 돌아갈 수 없다(콘텐츠를 특정 시점으로 되돌리기는 기능을 사용할 수 없고, 저장하고 닫았던 파일은 되돌리기를 할 수 없다).

'save as' 옵션을 이용해 다른 이름으로 파일을 저장하고 세 번째 문단을 제거한 후 새로운 내용을 써내려갈 수는 있다.

그에 비해 버전 관리 시스템을 사용하면 어느 방향이든 자유로운 문맥의 이동이 가능해진다. 새로운 단계나 콘텐츠를 생성하는 과정 등 중요하다고 판단한 모든 변경 사항changes을 표시할 수 있다. 이렇게 해두면 작성했던 데이터의 손실 없이 이전 단계로 되돌아갈 수 있다.

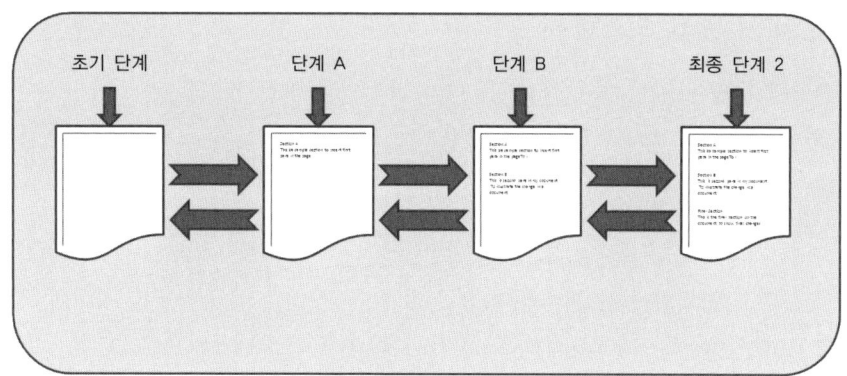

그리고 최대 장점은 다음과 같은 항목들의 제약을 받지 않는다는 점이다.

- 건너뛰기 가능한 횟수
- 건너뛸 수 있는 단계의 수
- 건너뛰는 방향

데이터 손실 걱정 없이 어느 방향으로든 단계를 이동할 수 있다. 더 이상 설명이 필요할까?

## 버전 관리 시스템의 종류

다음은 사용 가능한 세 가지 버전 관리 시스템이다. 이것은 동작 방식을 기준으로 구분했다.

- 로컬 버전 관리 시스템 Local version control system
- 중앙 집중형 버전 관리 시스템 Centralized version control system
- 분산 버전 관리 시스템 Distributed version control system

버전 관리 시스템의 역사를 간략하게 살펴보자.

## 로컬 버전 관리 시스템

파일명의 명명 규약Naming Convention을 따라 파일의 다양한 버전을 관리하면 실수할 확률이 높아지는 경향이 있다는 사실이 널리 알려진 후 로컬 버전 관리 시스템은 이런 문제를 해결한 첫 번째 성공적 시도였다. 리비전 관리 시스템RCS, Revision control system은 이런 유형의 가장 대중적인 버전 관리 시스템이다.

이 도구의 기본적인 동작 방식은 버전 추적기version tracker 안에 특별한 형태의 패치 세트들(파일 내용들의 진행 단계별 차이점)을 하드디스크에 저장하는 것이다.

그런 다음 순서대로 관련된 모든 패치를 추가해 특정 시점에서 파일의 콘텐츠를 재작성하고, 그것을 체크아웃할 수 있다(사용자의 작업 공간에 콘텐츠를 재구성).

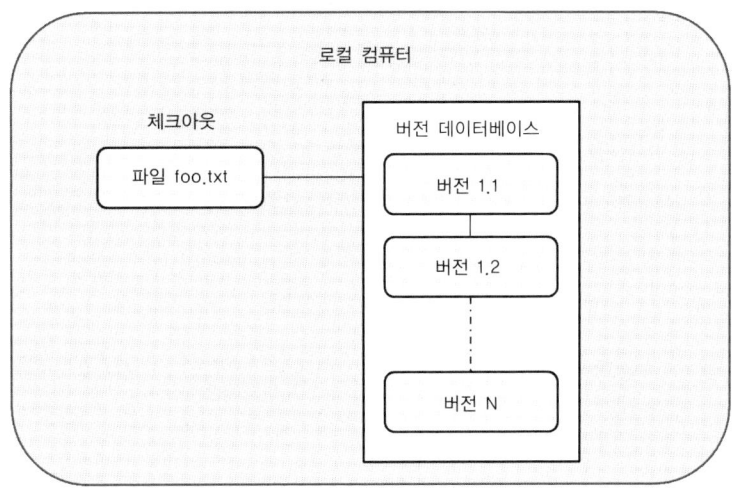

### 토막 상식

버전 추적기는 특별한 것은 아니지만, 파일 자신의 파일 형태를 유지하는 기능을 수행할 수 있는 구조적인 콘텐츠 형태다.

파일을 RCS에 추가할 때 버전 추적기를 만든 후에 RCS 구성과 버전 번호, 날짜, 시간, 작성자, 상태, 분기와 링크 등의 세부 사항을 정해진 형식으로 기록한다. 이 과정이 끝나면 파일은 삭제된다. 이전 단계로 파일을 복구할 때는 패치들을 복원해 처리한다.

## 중앙 집중형 버전 관리 시스템

다른 소프트웨어의 패키지나 개념, 요구 사항들이 지속적으로 발전을 거듭할수록 사용자들은 로컬 버전 관리 시스템이 그들의 활동을 저해한다고 느끼게 됐다.

로컬 버전 관리 시스템으로는 사람들이 동일한 프로젝트에서 협업을 할 수 없었다. 파일들의 버전이 누군가의 로컬 컴퓨터에 저장되고 다른 사람이 작업 중인 파일에는 접근할 수가 없었다.

이런 문제를 어떻게 해결했을까?

각자의 로컬 장치(클라이언트)에서 접근 가능한 공통된 공간(서버)에 파일을 유지하는 방법으로 해결했다. 이렇게 중앙 집중형 버전 관리 시스템이 탄생했다.

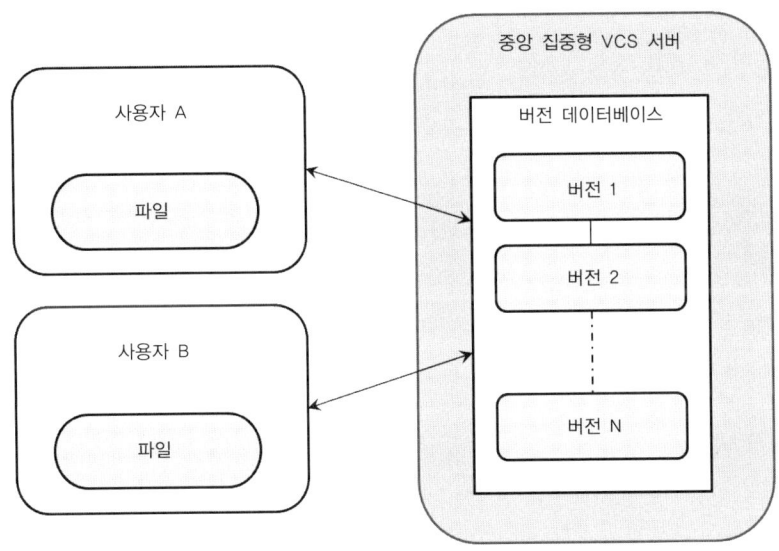

사람들이 하나 혹은 그 이상의 파일들을 편집할 때마다 최신 버전의 파일들이 호출된다.

이 설정은 파일에 대한 액세스를 요구하는 사람들에게 접근 권한을 제공할 뿐 아니라 다른 사람들의 작업에 대한 가시성을 제공한다.

모든 사람이 공유해야 하는 파일들이 하나의 독립된 위치에 저장되기 때문에 파일에 대한 모든 변경 사항은 자동으로 다른 사람들과 공유된다.

## 분산 버전 관리 시스템

별도의 독립적인 유닛에 대해 많은 시간을 할애할수록 그것을 잃을 확률도 높아진다. 중앙 집중형 버전 관리 시스템을 사용하면 위험도가 높아진다. 사용자가 업무 목적으로 사용하고자 하는 파일들은 최신 상태의 파일만을 사용할 수 있기 때문이다. 결국 서버에 문제가 발생하고 이를 해소할 안전장치를 갖고 있지 않다면 전체 이력을 완전히 잃어버릴지도 모를 위험에 놓이게 된다.

꽤 혼란스러울 것이다. 독립된 위치에 전체 이력을 저장하는 중앙 집중형 버전 관리 시스템의 개념은 위험스럽다. 이는 로컬 버전 관리 시스템을 이용할 때 협업할 수 있는 능력을 잃었던 것과 유사하다.

그렇다면 어떻게 해야 할까?

그렇다! 로컬 버전 관리 시스템과 중앙 집중형 버전 관리 시스템 두 가지의 장점을 조합해 하이브리드 시스템을 만들면 된다. 다음 그림은 분산 버전 관리 시스템의 핵심을 보여준다.

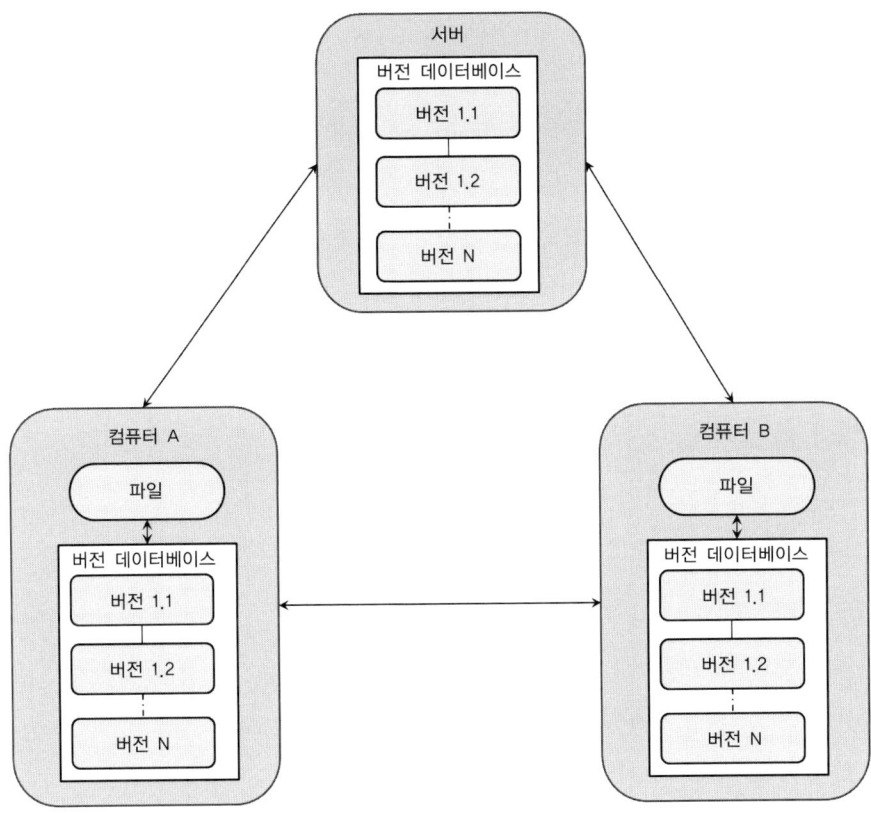

분산 버전 관리 시스템은 로컬 버전 관리 시스템의 장점을 갖고 있다. 그 장점은 다음과 같다.

- 서버와 지속적으로 연결돼 있는 상태를 유지하지 않더라도 로컬에 변경 사항을 기록한다.
- 서버에 저장돼 있는 파일들에 의존적이지 않다.

또한 중앙 집중형 버전 관리 시스템의 장점도 갖고 있는데, 그 장점은 다음과 같다.

- 작업을 재사용할 수 있다.
- 협업 시 각기 다른 기기에 저장된 이력에 의존적이지 않다.

분산 버전 관리 시스템은 두 가지 방식으로 동작하게 설계 됐다. 파일이나 파일들에 대한 전체적인 이력은 모든 기기의 로컬에 저장되고, 사용자에 의해 만들어진 로컬 변경 사항은 서버로 전달돼 동기화된다. 그렇게 변경 사항들을 협업 환경을 통해 다른 사람들에게 공유한다.

그 이외에도 성능, 쉬운 사용성과 관리적인 측면 등 많은 장점이 있다. 간단히 말하면 "중앙 집중형 버전 관리 시스템에서 할 수 있는 일들을 분산형 버전 관리 시스템에서는 훨씬 뛰어나게 처리할 수 있다."

## 깃에 빠져들다

앞 절에서는 여러 가지 유형의 버전 관리 시스템들을 살펴봤고, 쉽고 안전하고 보안성을 높일 수 있는 분산 버전 관리 시스템을 간결하게 살펴봤다.

이제 시중에 있는 다양한 분산형 버전 관리 시스템 중에서 하나를 선택해보자.

깃$^{Git}$은 많은 버전 관리 시스템에 존재하는 결함을 해결하고자 설계된 비교적 새로운 소프트웨어 패키지(2005년 4월 7일, 첫 번째 프로토타입 발표)다.

리눅스 커널을 만든 리누스 토발즈가 이 프로젝트의 자랑스러운 창시자다. 깃의 아키텍처는 좀 더 빠르고, 좀 더 뛰어난 성능을 가졌으며, 유연하고 유용하다. 처음 이 문장을 들었을 때 나는 여러분이 지금 생각하는 것과 같은 생각을 했다. "장담한 것처럼 그럴 수 있을까?"

사실 몇 가지 실제 사례에 대한 연구가 있었다. 복잡한 리눅스 커널 소스코드를 깃이 훌륭히 다루는 것을 봤을 때 나는 확신했다.

리눅스 커널에 복잡한 꼬리표가 필요한 이유를 이해하지 못하겠다면 상상해보라. 2만 5천여 개의 파일과 900만 줄이 넘는 수많은 콘텐츠가 전 세계에 흩어져 있는 수백 명의 개발자들에 의해 매일 수없이 되돌려지거나 원복되는 일들이 일어난다. 깃은 여전히 짧은 시간 내에 작업을 처리한다.

이런 어려운 작업에서 깃이 신뢰받는 이유는 다음과 같은 장점들이 있기 때문이다.

- 원자성
- 성능
- 보안성

## 원자성

원자성은 별거 아니다. 호출과 응답 사이에 발생하는 단일 인스턴트로 작업하는 속성이다.

은행 시스템을 예로 들면 자신의 계좌에서 다른 계좌로 송금하려 할 때 작업이 완료되면 자신의 계좌에서 수령자의 계좌로 돈이 지불되지만, 작업이 실패하면 전체 작업을 취소하고 처음 위치였던 계좌에서 아무런 돈도 지불하지 않는다.

이런 시스템은 송금자의 계좌에서 출금은 됐는데 수령자의 계좌에 입금되지 않는 부분적인 완료를 방지하기 위한 것이다.

다른 예로 다음과 같은 좌석 예약 시스템을 들 수 있다.

- 요금을 지불하고 좌석을 예약하는 경우
- 요금을 지불하지도 않고 좌석을 예약하지도 않은 경우

깃의 가치는 깃을 이용해 콘텐츠를 다룰 때 더욱 빛을 발한다. 깃은 데이터의 무손실을 보장하거나 일부 작업 수행 중에 버전의 불일치가 발생했을 때 신뢰성을 높여준다.

## 성능

자동차의 인테리어가 아무리 좋더라도 빠른 속도를 낼 수 없다면 자동차 경기용으로는 적합하지 않다. 깃은 다른 시스템과 비교했을 때 몇 배나 빠른 것이 입증됐다.

수백만 개의 파일을 조작할 때도 깃을 이용하면 수초 내에 완료된다. 이것이 가능한 이유는 깃이 로컬에서 파일을 다루기 때문이다. 다른 시스템(CVS, Subversion, Perforce, Bazaar 등)들은 파일 집합으로 정보를 찾거나 버전을 변경 이력의 시간 순으로 관리한

다. 다른 시스템들은 파일의 변경 이력을 다음 그림처럼 다룬다.

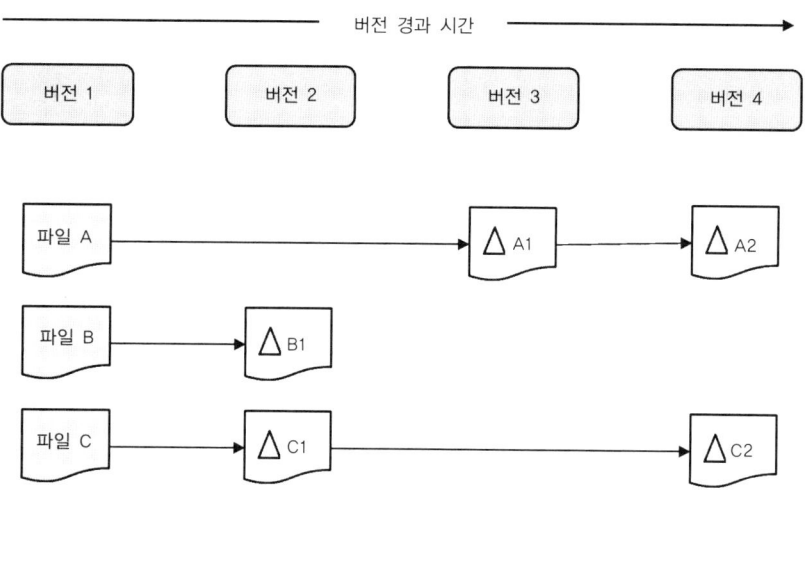

이와는 대조적으로 깃은 파일들과 작업 사이의 관계만 본다. 각 파일 버전 사이의 차이점을 저장하는 대신 파일 집합들에 대한 스냅샷snapshot으로 다룬다. 스냅샷은 깃의 속도를 가볍게 하고, 파일의 콘텐츠를 이전 버전으로 복구하는 등의 특정 작업(이에 대해서는 2장에서 자세히 살펴본다)을 지원한다. 버전을 만들 때마다 스냅샷이 만들어진다. 깃이 파일에 대한 복사 파일들을 저장한다는 의미는 아니다. 다음 그림에서 보는 것처럼 파일의 콘텐츠에 변경 사항이 없다면 파일이 참조하는 새로운 스냅샷에는 이런 스냅샷 지점이 저장된다.

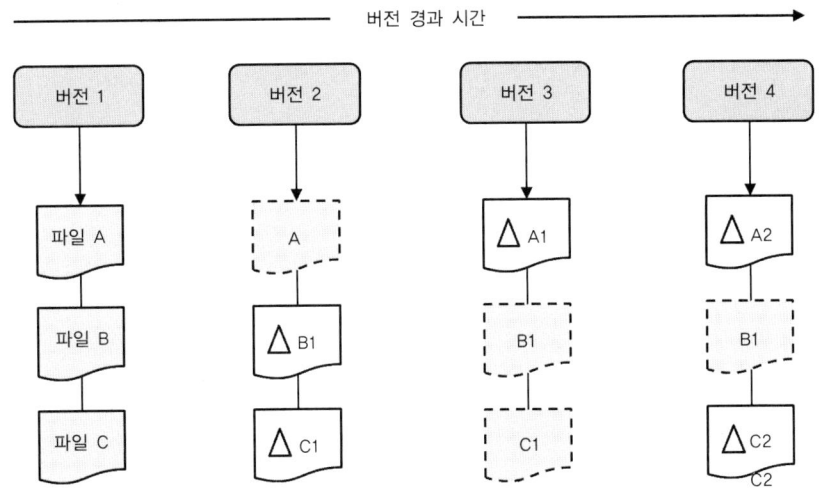

△ 변경 표시

이런 방식이 갖는 장점은 작업 파일에 대한 버전 이력을 가능한 한 작은 공간(다시 말하지만 다른 버전 관리 시스템과 비교했을 때 몇 배나 작다)으로 관리 가능하다는 점이다. 실제 사례로, Keith P.(http://keithp.com/blogs/Repository_Formats_Matter/)에 의해 배포되는 모질라 파이어폭스의 코드들을 살펴보자. 버전 관리 시스템이 파일 이력을 유지하는 공간을 얼마나 효과적으로 이용하는지 보여준다.

모질라 CVS 저장소의 크기는 2.7GB다. 서브버전으로 가져오면 8.2GB로 더욱 커진다. 반면 깃으로 가져오면 대폭 크기가 줄어들어 450MB다. 순수 소스코드의 크기는 350MB이고, 프로젝트 이력(1998년부터 기록)은 대략 100MB 남짓한 크기다.

## 보안성

깃을 사용할 때 파일의 콘텐츠에 누구도 간섭할 수 없는 것은 분명하다. 깃은 모든 데이터를 저장하기에 앞서 SHA-1 해시를 이용해 체크섬check-sum을 만들어 데이터를 관리한다. 이후에는 체크섬을 이용해 참조한다.

깃 없이는 어떤 파일이나 디렉터리의 콘텐츠도 변경할 수 없다. SHA-1 해시는 파일의 내용이나 디렉토리 구조를 기반으로 40자의 16진수 문자열(a-f, 0-9)을 만든다. 해시코드는 다음과 같은 모양이다.

9e79e3e9dd9672b37ac9412e9a926714306551fe

좀 더 자세히 알고 싶다면 리누스 토발즈가 구글 테크 토크 이벤트<sup>Google's tech talk event</sup>에서 발표한 내용(http://www.youtube.com/watch?v=4XpnKHJAok8 - 옮긴이)을 찾아보기 바란다.

## ● 정리

1장에서는 디지털 파일을 다루면서 직면하는 문제들을 확실하게 짚어본 후 버전 관리 시스템을 이용하면 직면한 문제들을 해소할 수 있다는 확신을 얻었다.

또한 버전 관리 시스템의 발전 과정을 빠르게 훑어보면서 분산 버전 관리 시스템에 대해 확실하게 이해했다.

분산 버전 관리 시스템 중에서 최적의 도구인 깃을 소개하고, 일부 흥미로운 통계와 사례를 통해 어느 정도 살펴봤다. 그런 다음 무결성, 성능과 안정성의 관점에서 살펴봤다.

이제 어느 정도 기반을 다졌으니, 2장에서는 운영체제에 깃을 복사하고 설치하고 실행해보자.

# 2
# 깃 설치

1장에서는 버전 관리 시스템을 이용해 디지털 파일을 다룰 때마다 직면하게 되는 상황을 어떻게 변화시킬 수 있는지를 버전 관리 시스템의 변화 과정을 통해 살펴봤다.

우리는 또한 왜 깃이 최적의 고려 대상이며 우리의 목적을 어떻게 지원하는지 이해했다.

2장에서는 깃을 설치하고 설정하는 방법을 배운다. 2장에서 살펴볼 내용은 다음과 같다.

- 사용 환경에 적합한 깃 유형 선택
- 깃 설치

## 유형 선택: 운영체제에 적합한 패키지 다운로드

다른 툴들과 마찬가지로 깃은 오픈소스 커뮤니티를 통해 인터넷에서 손쉽고 빠르게 무료로 다운로드할 수 있다. 깃은 맥 OS X, 윈도우, 리눅스, 솔라리스 같은 다양한 운영체제에서 설치할 수 있다. 2장에서는 다음과 같이 사용자들이 사용하는 대표적인 운영체제 세 가지 대상으로 설명한다.

- 윈도우
- 리눅스
- 맥 OS X

먼저 자신의 운영체제에 적합한 깃 패키지를 다운로드해야 한다. http://git-scm.com/downloads에서 다운로드할 수 있는 목록을 확인할 수 있다. 웹사이트에 바로 방문하면 다음 그림에서 보는 것처럼 운영체제에 적합한 최신 안정판을 다운로드할 수 있다(2장을 작성할 당시의 최신 버전은 1.8.0.2였다. 현재 번역하는 시점(2014년 3월 6일)에서 깃의 최신 버전은 1.9.0이고, 2014년 3월 14일에 2.0이 출시됐다. - 옮긴이).

리눅스나 맥 사용자라면 커맨드라인 인터페이스(CLI, command-line interface) 모드를 이용해 손쉽게 설치할 수 있다. 이 모드를 이용하면 GUI 방식의 다운로드와 설치 절차를 따를 필요가 없다. 예를 들어 데비안 기반의 리눅스 운영체제를 사용 중이라면 apt-get install git-core이라는 명령을 시스템에 입력하고 실행하는 것만으로 깃의 설치가 완료된다. 맥 사용자이고 애플의 엑스코드(Xcode) IDE를 사용한다면 애플에서 제공하는 설치 방법을 이용하거나 맥포트(Macports)나 핑크(Fink)를 이용해 설치할 수 있다(최근에는 homebrew라는 패키지 관리자도 많이 사용하기 시작했다 - 옮긴이).

## 윈도우

윈도우에서 다운로드를 하려고 하면 웹사이트에서는 운영체제를 인식해 자동으로 윈도우용 다운로드 버튼을 제공한다. 버튼을 클릭하면 셋업 파일을 저장할지 묻는 팝업 창이 나타난다. 파일을 저장할 위치를 지정하고 다운로드를 시작하면 된다.

## 리눅스

유닉스 운영체제에서 할 수 있는 다양한 방법을 제공한다. 누구나 쉽게 따라할 수 있는 가장 쉬운 방법으로 진행해보자. 컴파일링을 이용해 패키지를 설치하는 방법을 선호하는 이들도 적지 않겠지만, 이런 방식을 선호하는 사람들은 이 사이트에서 설치 버전을 다운로드할 필요는 없다. 바로 설치 절로 이동하면 된다.

소스코드를 다운로드해 컴파일함으로써 깃을 설치하려는 사람들은 다음 단계를 따라 진행한다.
- Git source repository 링크를 클릭한다. 소스코드 패키지의 목록을 볼 수 있는 페이지로 이동할 것이다. [ZIP] 버튼을 클릭하면 파일 다운로드 확인 창이 나타난다. 저장할 위치를 지정하고 저장한다.
- 일반적으로 unzip, configure, make, make install의 순서로 명령을 입력하면 된다. 이에 대해서는 더 이상 설명하지 않겠다.

### 맥

맥에서 다운로드를 하려고 하면 웹사이트에서는 운영체제를 인식해 자동으로 맥용 다운로드 버튼을 제공한다. 버튼을 클릭하면 셋업 파일을 저장할지 묻는 팝업 창이 나타난다. 파일을 저장할 위치를 지정하고 다운로드를 시작하다. 다운로드 파일은 항상 깃-최신 안정판 버전-최소 요구 운영체제 정보(Git-lastest.stable_release_version_here-required-os-info).dmg 형태의 명명 규칙을 따른다. 예를 들면 git-1.8.0.2-3-intel-universal-snow-leopard.dmg가 있다.

1.8.0.2 버전은 스노우 레오파드Snow Leopard 이상이거나 그 외의 운영체제에 설치할 수 있다. 레오파드 사용자는 http://code.google.com/p/git-osx-installer/downloads/list에서 낮은 버전의 깃을 설치할 수 있다.

## 설치

깃을 다운로드했다면 설치 과정을 진행해보자. 운영체제별로 하나씩 설치 과정을 살펴보자.

 이 소프트웨어를 설치하기 위해서는 관리자 권한이 필요하다.

### 실습 예제 | 윈도우에 깃 설치

다음 단계를 따른다.

1 다운로드한 셋업 파일을 더블 클릭해 설치를 시작한다.

2 설치 과정 중 첫 번째 단계와 두 번째 단계는 깃에 대해 설명한다. 첫 인사는 환영하는 메시지와 설치 전 절차로 '안전하게 따라 하기'를 안내한다. 설치를 시작하기 전에 열려있는 모든 애플리케이션을 닫는다(공유 중인 dll/exe가 덮어쓰기 overridden되는 것을 피하고, 설치가 진행될 때 많은 용량을 요구하기 때문에 실행 중에 시스템의

메모리가 부족해지는 상황을 미연에 방지). 다음 단계에서는 깃에 적용된 GNU 공개 라이선스 버전 2의 상세 내용을 볼 수 있다.

 소프트웨어 패키지에서 할 수 있는 것과 하지 말아야 할 것을 더 자세히 알고 싶다면 찬찬히 읽어보자.

**3** Next 버튼을 클릭하면 설치를 위한 경로를 지정할 수 있는 화면이 나타난다.

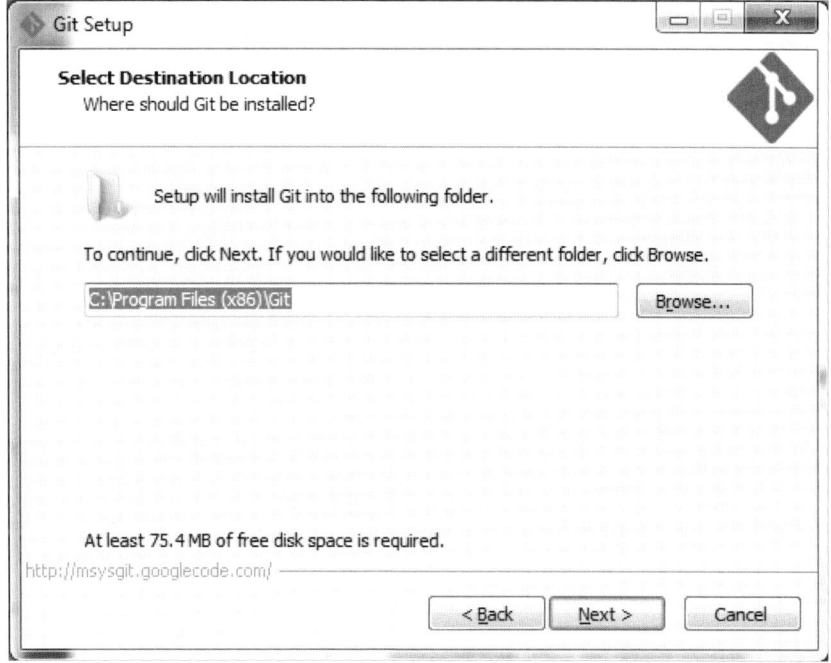

기본 위치는 설치된 윈도우의 'Program Files' 내부다. 운영체제 충돌이 발생할 경우 데이터를 보호하기 위해 별도의 파티션에 설치하려면 Browse... 버튼을 클릭해 경로를 변경할 수 있다.

**4** Next를 클릭한 후 컴포넌트 설정 화면을 볼 수 있다. 다음 그림에서처럼 Simple context menu (Registry based) 아래에 있는 Git Bash Here와 Git GUI Here를 선택한다.

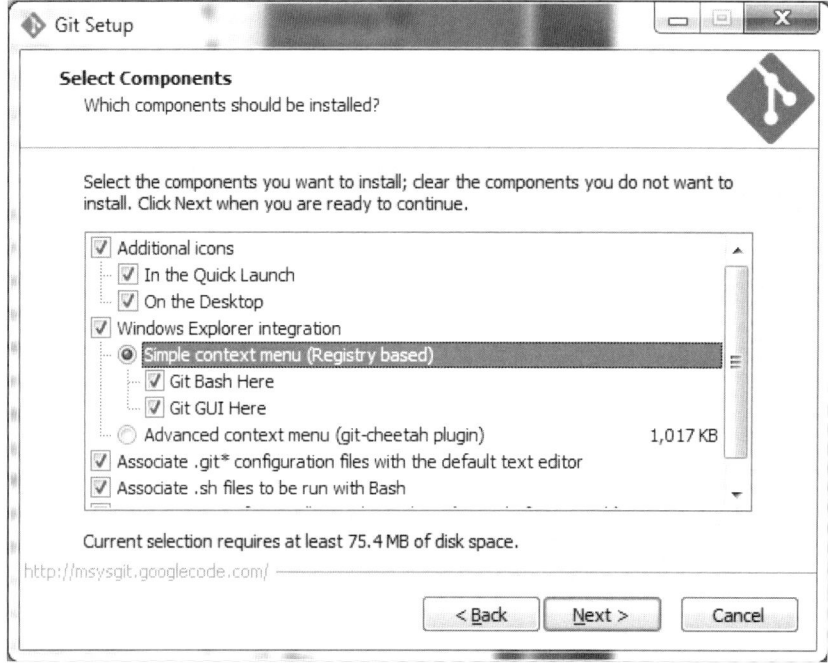

이 옵션들은 깃 명령을 이용하려고 할 때 빠르게 접근할 수 있는 인터페이스를 제공한다. 더 자세한 내용은 3장에서 살펴본다.

**5** 다음 창에서는 쉽고 빠르게 접근할 수 있게 시작 메뉴에 그룹명을 선택할 수 있다. 기본 값을 `Git`으로 두고 Next를 클릭한다.

**6** 다음 그림을 따라 Run Git from the Windows Command Prompt라는 두 번째 옵션을 선택한다.

이 설정은 커맨드라인을 이용해 깃을 다루고 활용하는 사람들을 위한 것이다. 이 옵션은 윈도우의 DOS 인터페이스를 가진 커맨드라인에서도 깃을 사용할 수 있게 허용한다.

두 번째 항목을 선택한 후 Next 버튼을 클릭한다.

7. 남은 두 가지 주요 단계는 원격이나 다양한 운영체제를 통해 작업하려고 할 때 필요한 구성이다.

레지스트리에 등록된 별도의 SSH 세션이 설치돼 있는 것을 발견하면 다음과 같은 화면을 볼 수 있다.

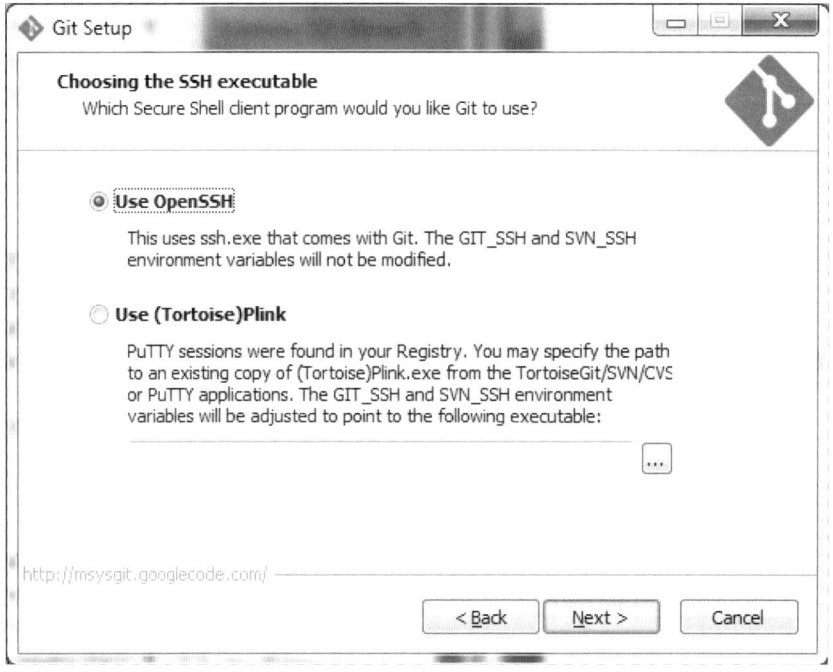

SSH라는 용어가 매우 낯선 사용자겠지만 시스템에서 SSH 세션을 통해 무언가를 할 수 있다는 것은 여러 가지 의미를 가진다. OpenSSH를 사용해보고 싶은 사용자는 그대로 Use OpenSSH를 선택하고 진행한다. 손에 익은 다른 SSH 애플리케이션을 통해 원격지 시스템에 접근하고자 한다면 Use (Tortoise) Plink 옵션을 선택한다. Choosing the SSH executable 화면에서 실행 가능한 SSH 애플리케이션을 선택한 후에 Next를 클릭한다.

OpenSSH 키는 ssh-keygen을 이용해 생성하고 ssh-agent에서 캐시로 제공한다. 또한 putty 스위트는 그래픽 프로그램 puttygen을 이용해 키를 생성하고 pageant를 통해 읽고 캐시를 제공한다. 또한 putty를 통해서도 SSH를 사용할 수 있다.

8  다양한 운영체제를 사용하는 사용자들이라면 누구나 파일에서 작업하는 경우 각기 다른 줄 바꿈 스타일로 인해 야기되는 문제를 알고 있을 것이다.

9  이제 깃에서 줄 바꿈을 어떻게 다룰지 선택한다. 다음 화면에서 Checkout Windows-style, commit Unix-style line endings를 선택한다. 다른 운영체제에서 작업할 때는 개행 문자<sup>CRLF, carriage return line feed</sup>와 라인 피드<sup>LF, line feed</sup> 사이에서 충돌하지 않음을 보장할 수 있다(개행 문자는 운영체제마다 다르게 표현된다. - 옮긴이).

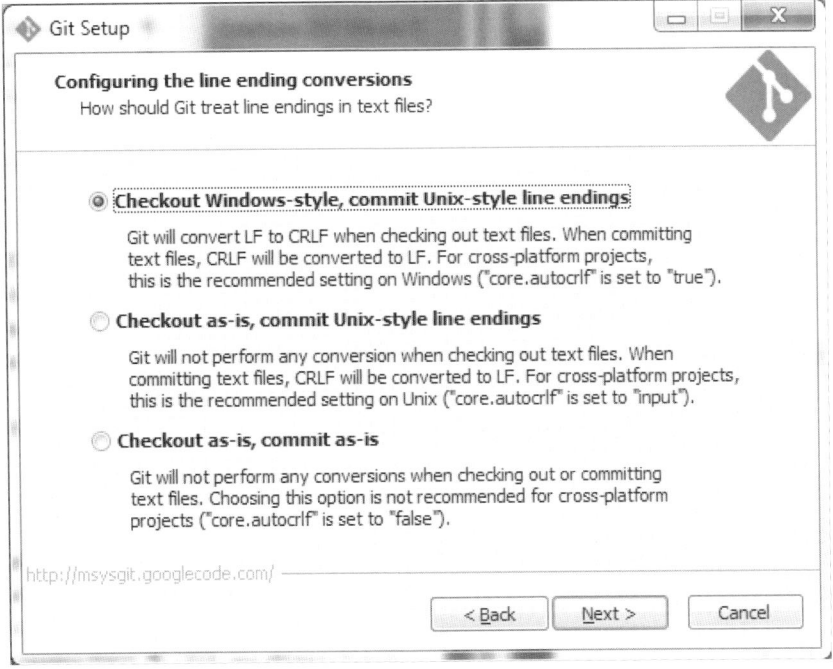

이렇게 설치 과정이 완료됐다.

## 보충 설명

축하한다. 여러분의 윈도우에 다른 콘텐츠들의 변경 이력을 관리할 수 있는 깃이 준비됐다.

### 실습 예제 | 맥에 깃 설치

다음 과정을 따라 한다.

**1** .dmg 파일을 더블클릭해 설치를 시작한다. 화면을 따라 진행한다.

**2** .pkg 파일을 더블클릭해 설치 과정을 시작한다. 앞으로 어떤 일들이 일어날 것인지에 대한 정보를 제공하며 환영하는 창이 나타난다.

**3** Continue 버튼을 클릭하면 그림에서 보는 것처럼 소프트웨어가 디스크에서 차지하는 최대 공간 크기와 컴퓨터의 다른 사용자들에 대한 소프트웨어 접근 권한에 관한 정보들을 제공한다.

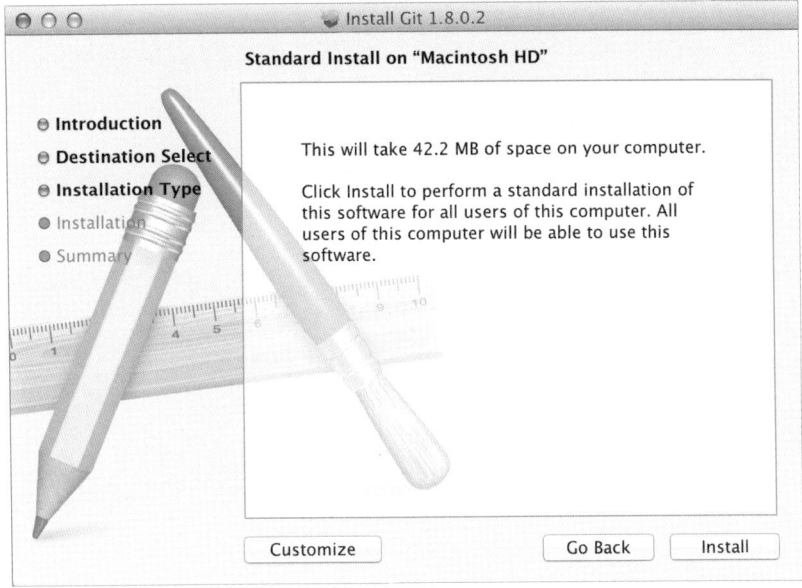

4   필요하다면 이 설정을 변경할 수 있지만, 모든 사용자를 위해 기본 설정 그대로 install 버튼을 클릭해 설치를 진행한다.

5   설치를 지속하기 위해 관리자용 비밀번호를 물어온다.

6   그림에서 보는 것처럼 인증이 성공한다면 성공 메시지가 표시되며 설치가 완료된다.

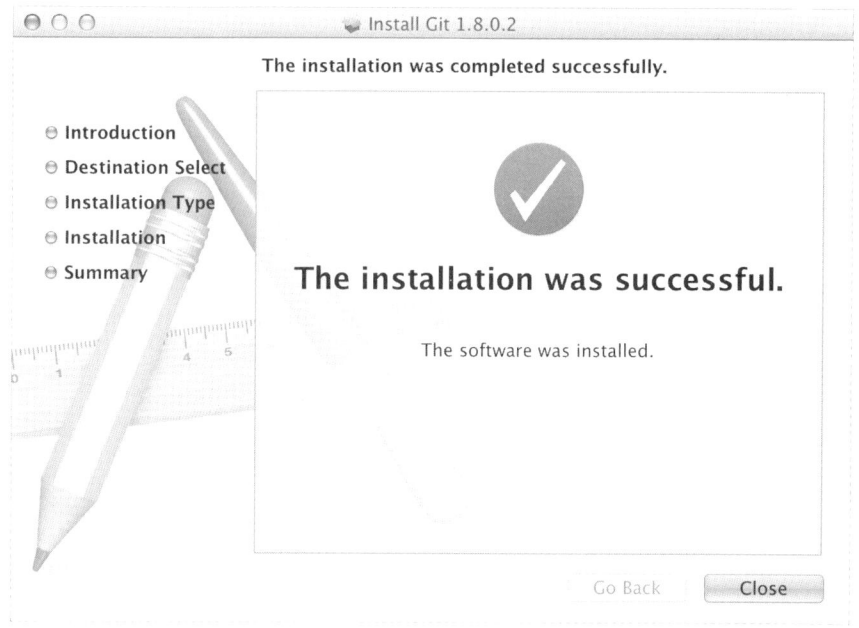

보충 설명 |

축하한다. 맥에 콘텐츠의 버전을 관리할 수 있는 깃이 준비됐다.

실습 예제 | 리눅스에 깃 설치

앞서 설명했듯이 리눅스 운영체제에서 graphical software management system을 이용해 깃 설치를 진행한다. 데비안Debian 운영체제를 기반으로 한 우분투라 불리는 배포본을 이용해 예제를 진행한다.

지금부터 살펴볼 것은 시냅틱synaptic이라 불리는 소프트웨어 관리 시스템이다. 다음 과정을 수행한다.

1   Alt + F2를 눌러 실행 유틸리티를 열어서 synaptic을 입력한다.

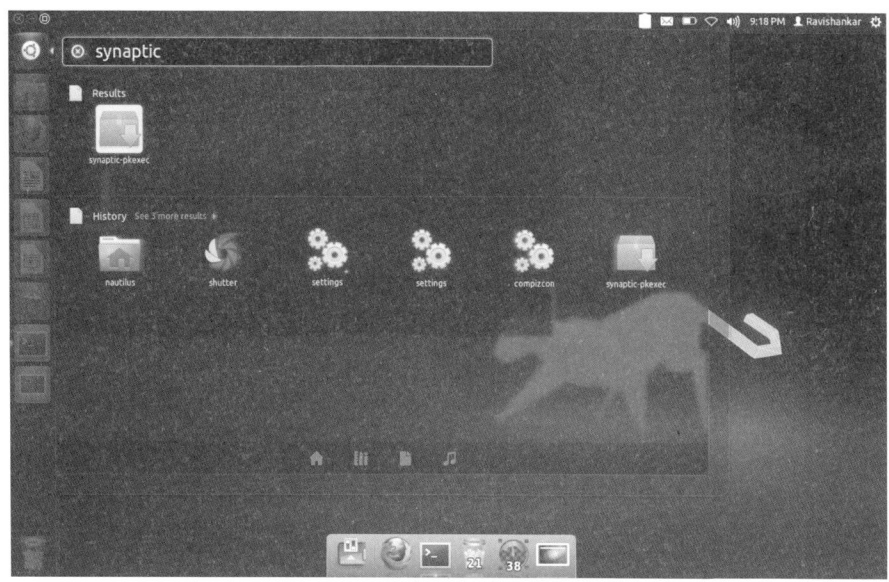

**2** synaptic를 입력하면 걸맞은 툴을 자동으로 보여준다. Synaptic-pkexec라 불리는 첫 번째 것을 클릭한다. 시작하기에 앞서 설치에 필요한 권한을 획득하는 데 필요한 인증 대화상자가 나타날 것이다. 관리자 비밀번호를 입력하고 인증하기Authenticate를 클릭한다.

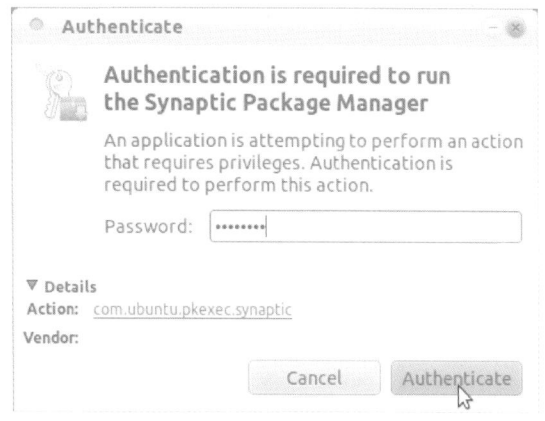

**3** 시냅틱 패키지 관리자Synaptic Package Manager 창이 뜨는 것을 볼 수 있다. 중앙에는 설치한 패키지 목록, 왼쪽에는 사용 가능한 저장소 소스들을 볼 수 있다. 퀵 필터Quick filter 입력 창에 설치하려는 git 패키지명을 입력한다. 자동으로 부합되는 패키지들이 콘텐츠 영역에 나타난다.

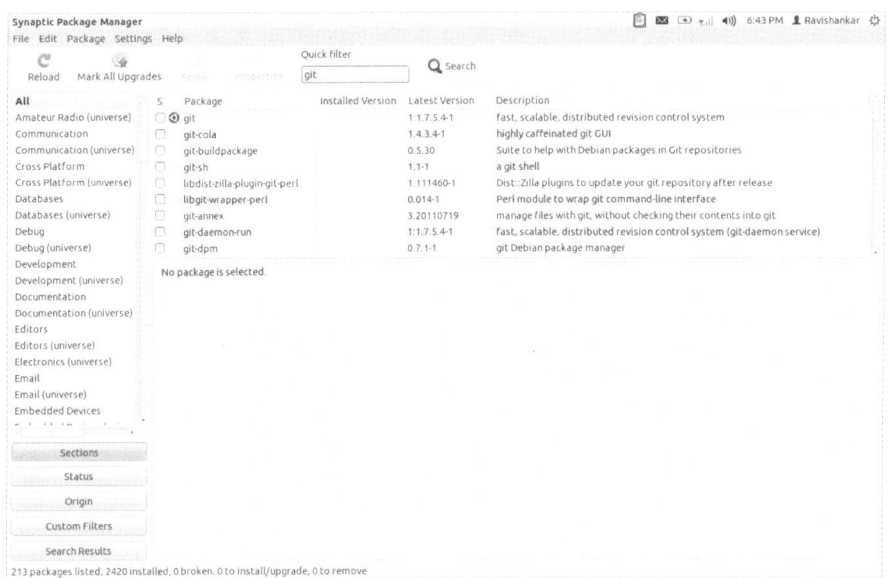

**4** 우분투에서 제공되는 깃의 버전은 1.7.5.4(현재 제공되는 배포 버전은 1.8.3.2-1이다 - 옮긴이)이고(버전이 다르더라도 걱정하지 말자. 앞으로 사용할 기능들을 익히는 데는 별 문제가 없다), 빠르고, 신축적인 분산 리비전 관리 시스템이라고 설명돼 있다. 이 패키지를 설치하려면 오른쪽 클릭을 하고 Mark for Installation을 선택한다.

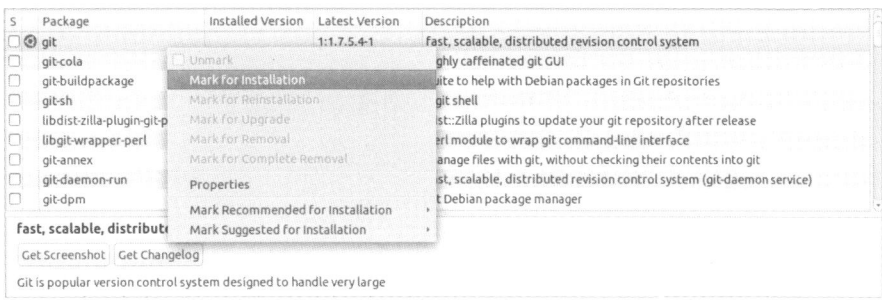

5  설치를 위해 특정 패키지를 선택하면 패키지명의 앞에 있는 체크박스가 체크되고 옵션 창이 나타난다. 깃과 관련이 있는 두 개의 패키지(Git GUI와 Gitk)를 추가하기 위해 조작하는 방법은 매우 쉽다. 선택한 깃 패키지 항목 위에서 오른쪽 클릭을 해 Mark Suggested for Installation을 선택하고 git-gui를 선택한다.

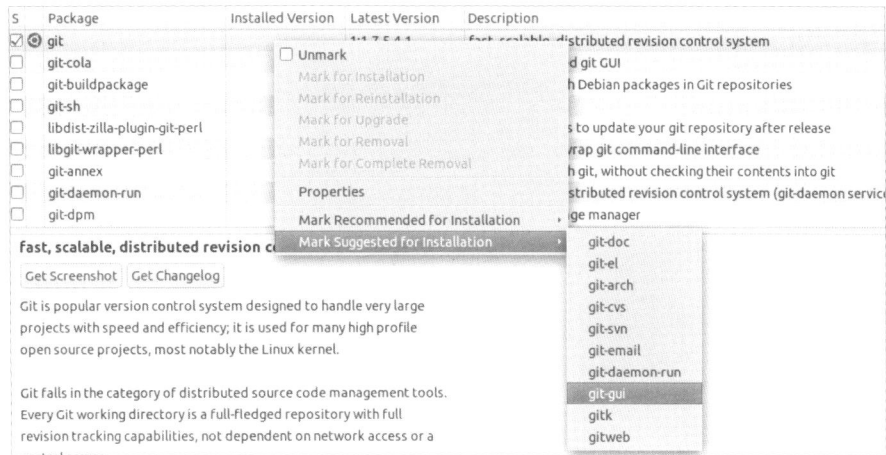

6  패키지 관리자가 설치 가능한 목록에 gitk를 추가하고 설치 요청 패키지를 변경할지 물어볼 것이다. Mark를 클릭한다. 설치에 필요한 패키지들을 모두 표시했으니 설치를 진행한다. 잠깐, 앞서 필요하다고 이야기했던 gitk 패키지가 선택되지 않은 것 같지만, 잘못된 것은 아니다. 의존성이 있는 패키지는 자동으로 설치된다. 다음 진행 단계에서 확인 가능하다.

**7** 메뉴바 아래에 있는 apply 버튼을 클릭한다. 다음 그림에서 보듯 확인 창이 나타난다.

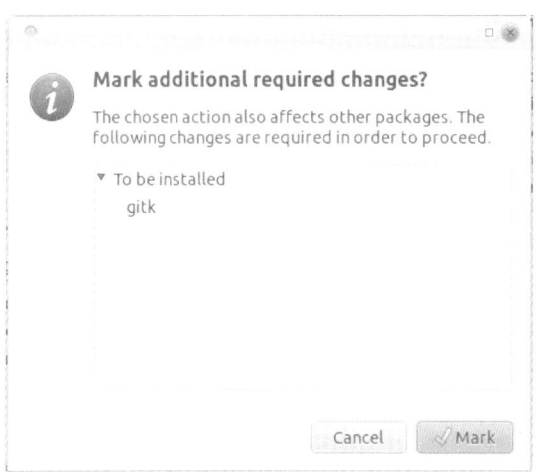

**8** Mark를 클릭하면 설치되는 패키지에 대한 요약 정보를 보여주며, 승인할 것인지 물어본다.

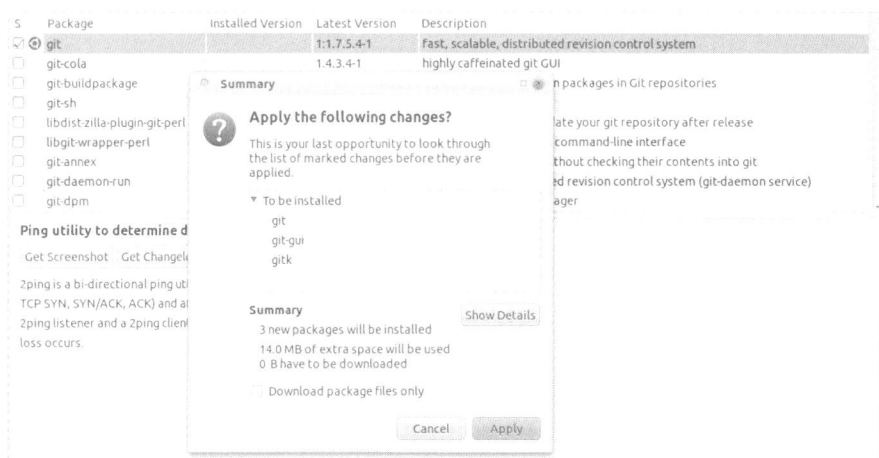

**9** 승인하고 나면 설치가 시작되고, 성공적으로 패키지를 설치하고 나면 다음과 같은 그림을 볼 수 있다.

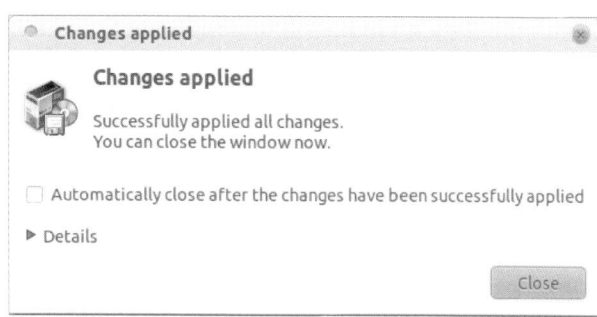

 **옮긴이 참고**

우분투 11.10부터는 synaptic 관리자가 기본 설치 패키지에서 제외(https://help.ubuntu.com/community/SynapticHowto)되고, 우분투 소프트웨어 관리자로 통합됐다. 책에서 설명하는 방식보다는 터미널에서 몇 줄의 명령을 이용해 설치하는 것을 추천한다.

sudo apt-get install git git-core git-gui gitk

위 한 줄의 명령만으로 깃의 설치를 한방에 끝낼 수 있다.

### 보충 설명

축하한다. 리눅스 운영체제에 콘텐츠의 버전을 관리할 수 있는 깃이 준비됐다.

## 정리

1장에서는 깃의 저력을 알아봤다. 2장에서는 깃을 다운로드하고 설치해봤다.

운영체제에 성공적으로 깃을 설치하고, 사용할 준비를 마쳤다.

깃을 설치했으니, 다음 단계는 개인화를 진행하고, 그 후에 생산성을 향상시켜줄 도구를 만들어내는 마법의 주문을 배울 것이다. 이것이 3장의 주제다.

# 3
# 생산성 증대

깃이 어떻게 작업을 좀 더 효율적으로 만들어주는지 이해하기 위해 버전 관리 시스템의 개념을 간단히 살펴봤다. 쉴 틈 없이 재빨리 깃을 설치하고 실행할 수 있게 했다.

흥분에 차서 "어서 뛰어들어요!"라고 외치는 소리가 들린다.

예, 예, 이제 시작한다. 3장에서는 작업 공간workspace에서 정말 필요로 하는 다음과 같은 중요한 5가지 개념을 살펴볼 것이다.

- 초기화 절차Initiating the process
- 저장소에 파일 추가Adding your files to the cabin(repository)
- 추가 파일 커밋Committing the added files
- 체크아웃Checking out
- 리셋Resetting

그렇다, 5가지 개념들은 깃을 이용해 버전 관리를 할 때 필요한 것들이다. 그리고 여러분이 홀로 길을 가다가 길을 잃더라도 깃의 내장 도우미 기능을 통해 정상 진로로 되돌아오는 방법도 자세히 살펴본다.

## 준비: 깃 준비

여러분은 마법 지팡이를 갖고 있다. 그리고 마법 지팡이는 여러분이 명령하는 대로 정확하게 명령을 수행할 것이다. 그래, 맞다. 여러분은 깃을 갖고 있다. 여러분이 하고자 하는 대로 깃에 명령을 내릴 줄 알아야 한다.

재미있는 이야기 아닌가?

우리는 디렉토리(혹은 폴더)를 중심으로 파일의 다양한 버전을 관리하는 방법을 이미 알고 있다. 각 장에서 다룰 개념들을 배우려면 Workbench라고 불리는 디렉토리를 데스크탑에 생성해야 한다.

컴퓨터를 다룰 때 사람들은 다음과 같은 두 가지 작업 방식 중 하나를 사용한다.

- GUI그래픽 유저 인터페이스 모드
- CLI커맨드라인 인터페이스 모드

물론 두 방식을 조합해서 사용할 수 있다. 선호하는 방식이 다른 다양한 사용자를 고려해 두 가지 방식 모두 설명하도록 노력하겠다.

## 초기화

초기화는 디렉토리를 지정하는 절차일 뿐이지만, 깃은 디렉토리 내 콘텐츠의 변경 사항들을 주시해야 한다는 점을 알게 된다. 앞서 설명했듯이 GUI와 CLI, 두 가지 모드를 사용해 명령을 수행하는 방법을 알아보자.

### 실습 예제 | GUI 모드에서 초기화

저장소를 생성하고 초기화하려면 다음 과정을 수행한다.

1. 애플리케이션 메뉴에서 Git GUI를 열고, 다음 그림에서 보이는 Create new Repository 항목을 선택한다.

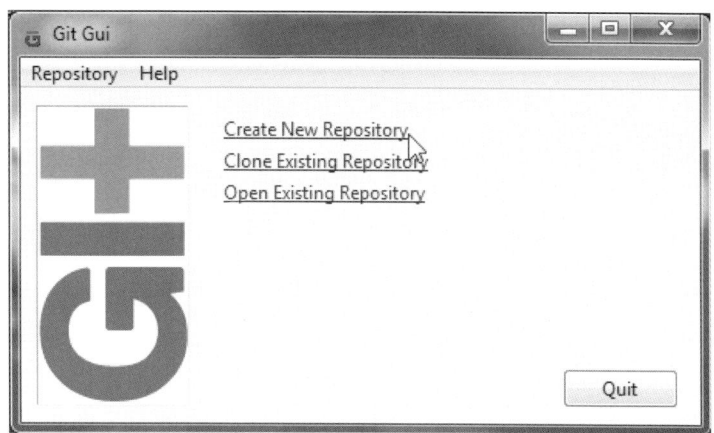

**2** 새로운 화면이 나타나면 저장소를 만들고자 하는 디렉토리의 위치를 지정할 수 있다. 또한 Browse 버튼을 클릭하고 Create 버튼을 클릭해 Workbench 디렉토리를 생성하고 Create 버튼을 클릭한다.

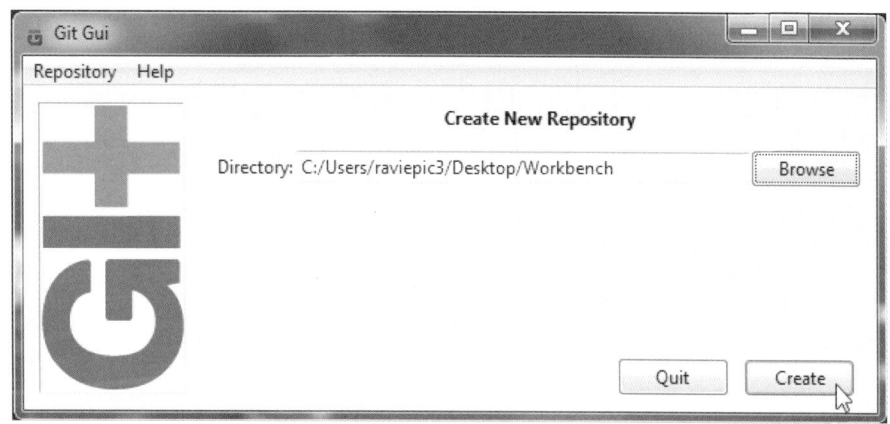

**3** 앞의 절차들을 정상적으로 수행했다면 다음 화면을 볼 수 있다.

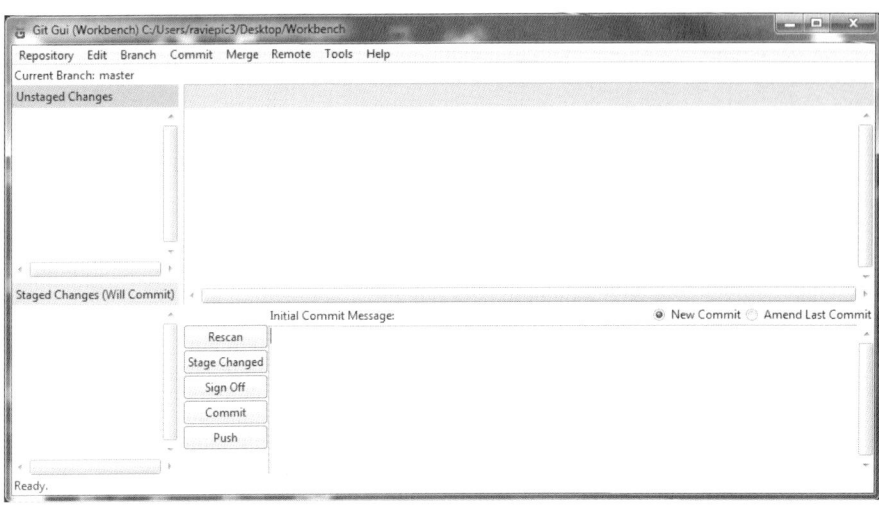

당장 창을 닫지는 말자. 이 화면을 보면서 나머지 개념들을 학습한다.

## 보충 설명

성공적으로 깃에게 Workbench 디렉토리와 콘텐츠를 주시하라는 명령을 내렸다. 앞에서 본 화면이 매우 자주 접하게 될 기본 페이지다. 이 화면은 다음과 같은 4개의 영역Panes으로 구성돼 있다. 하나하나 살펴보자.

- 언스테이지 변경 영역Unstage Changes pane(좌측 상단)

- 스테이지 변경 영역Staged Changed pane(좌측 하단)

- 콘텐츠 차이점 영역Differential Content Pane(우측 상단)

- 활동 영역Action pane(우측 하단)

예제로 사용할 Workbench 디렉토리를 생성하고 여기에 초기화된 저장소를 준비했다. 동일한 절차로 기존 디렉토리를 변환함으로써 깃을 통해 디렉토리 내부에 있는 파일들의 변화를 주시할 수 있다. 디렉토리에서 저장소를 초기화하면 내부의 파일들이 언스테이지 변경Unstaged Changed 영역에 노출된다.

### 실습 예제 | CLI 모드에서 초기화

클릭 소리 대신 키보드를 두드리는 소리를 더 좋아하는 사람들은 대부분 커맨드라인 인터페이스[CLI, command-line interface] 모드(터미널 창)를 선호한다.

빠르게 키보드로 입력할 수 있기를(가능한 한 마우스 클릭보다 키보드를 두드려 명령을 실행하기를) 선호하는 사람들의 비율은 지속적으로 증가하고 있다. 지메일[Gmail]에서 거의 모든 기능에 대한 단축키를 지원하는 주요 이유이기도 하다.

커맨드라인 인터페이스 모드를 이용해 저장소를 만들거나 초기화하려면 다음 절차를 따라야 한다.

1. 셸[Shell](윈도우에서는 명령 프롬프트, 맥이나 리눅스에서는 터미널)을 연다.
2. cd[Change Directory] 명령을 이용 Workbench 디렉토리로 이동한다.
3. Workbench 디렉토리 위치에서 `git init`을 입력하고 엔터를 누르면 초기화 절차가 완료된다.
4. 깃에서 Initialized empty Git repository in your/path/to/Workbench/directory/goes/here라는 메시지를 출력할 것이다.

```
C:\Windows\system32\cmd.exe

Microsoft Windows [Version 6.1.7601]
Copyright (c) 2009 Microsoft Corporation.  All rights reserved.

C:\Users\raviepic3>cd ./Desktop/Workbench

C:\Users\raviepic3\Desktop\Workbench>git init
Initialized empty Git repository in C:/Users/raviepic3/Desktop/Workbench/.git/

C:\Users\raviepic3\Desktop\Workbench>_
```

아! 키보드 두드리는 소리가 신명나는구나.

### 보충 설명

성공적으로 깃에게 Workbench 디렉토리와 내부의 콘텐츠들을 주시하라는 명령을 내렸다. `init`은 저장소를 초기화하는 명령이다.

### 화면 뒤에서 일어난 일

초기화 절차는 Workbench 디렉토리 하위에 .git 디렉토리를 생성한다. 이 디렉토리는 사용자가 조작하거나 삭제하는 것을 방지하기 위해, 깃에 의해 읽기전용ready-only이며 숨김hidden 상태로 생성된다. 깃이 파일과 파일의 변경 이력에 대한 모든 내역을 보관하는 장소이기도 하다.

삭제할 경우 디렉토리에 있는 파일들에 대한 내역들이 모두 사라져버리니 .git 디렉토리를 조심해서 관리하자.

### 깃 설정

다음 단계에서는 깃 설치 이후 사용하기 위한 설정 요소들을 확인하자. 깃을 사용하기 전에 설정하는 이유는 여러 가지가 있다. 그러나 그것들을 모두 설명하기에는 조금 이르다. 그래서 그것들이 필요한 순간에 살펴보겠다. 당장은, 시작하는 데 필요한 최소한의 설정만 하겠다. 깃이 변경 사항을 기록할 때 식별하는 데 필요한 사용자명과 이메일을 가지고 최소한의 설정만 하고 시작한다.

### 실습 예제 | GUI 모드에서 깃 설정

다음 절차를 통해 GUI 모드에서 사용할 이름과 이메일을 깃에 등록한다.

**1** 초기화 절차를 마친 화면에서 Edit 메뉴의 Options를 선택한다.

| Workbench Repository | Global (All Repositories) |
|---|---|
| User Name: Ravishankar somasundaram | User Name: Ravishankar somasundaram |
| Email Address: raviepic3@gmail.com | Email Address: raviepic3@gmail.com |

설정 화면은 다음과 같은 두 개의 영역으로 구분된다.

- 로컬 설정(왼쪽 영역으로 워크벤치$^{Workbench}$ 저장소에 한정된 설정)
- 글로벌 설정(오른쪽 영역으로 설치된 깃을 사용하는 저장소에 적용되는 설정)

2 큰 화면을 가득 채운 수많은 옵션에 겁먹지 말자. 앞서 살펴본 상단에만 집중해서 로컬과 글로벌 설정 영역 양쪽에 있는 이름과 이메일을 입력하고 Save 버튼을 누른다.

### 보충 설명

어느 저장소에서든 파일들의 변경 사항들을 그룹 짓고 식별하기 위해, 깃에서 사용하는 사용자 이름과 이메일 주소를 로컬 설정과 글로벌 설정에 각각 등록했다.

### 되돌아가기

초기화 절차 후에 화면을 벗어나면 어떻게 동일한 화면으로 돌아올 것인지 걱정될지도 모르지만 걱정하지 말자. 되돌아가는 두 가지 방법이 있다.

1. Git GUI를 열면 Open Recent Repository라는 항목이 추가된 것을 볼 수 있다. 그 아래에서 Workbench 저장소를 찾을 수 있다.

2. 탐색기에서 Workbench 디렉토리로 이동한 후 폴더 위에서 오른쪽 클릭해 나타나는 선택 창에서 Git GUI here 메뉴를 선택한다. CLI 모드에서 GUI 모드로 변경하길 바라는 사용자들은 이 옵션을 유용하게 사용할 수 있을 것이다.

## 실습 예제 | CLI 모드에서 Git 설정

CLI를 이용해 깃을 설정하려면 다음 명령들을 따라하면 된다.

```
git config --global user.name "your full name"
git config --local user.name "your full name"
git config --global user.email "your email id"
git config --local user.email "your email id"
git config -l
```

```
C:\Users\raviepic3>git config --global user.name "Ravishankar Somasundaram"
C:\Users\raviepic3>git config --global user.email "raviepic3@gmail.com"
C:\Users\raviepic3>git config -l
core.symlinks=false
core.autocrlf=true
color.diff=auto
color.status=auto
color.branch=auto
color.interactive=true
pack.packsizelimit=2g
help.format=html
http.sslcainfo=/bin/curl-ca-bundle.crt
sendemail.smtpserver=/bin/msmtp.exe
diff.astextplain.textconv=astextplain
rebase.autosquash=true
user.name=Ravishankar Somasundaram
user.email=raviepic3@gmail.com
color.ui=auto
```

### 보충 설명

어느 저장소에서든 파일들의 변경 사항들을 그룹 짓고 식별하기 위해, 깃에서 사용하는 사용자 이름과 이메일 주소를 로컬 설정과 글로벌 설정에 각각 등록했다.

config 명령은 git과 함께 사용해야 하며 깃의 설정을 등록할 때 사용된다. 글로벌 값들을 설정하려 할 때는 명령에 --global 파라미터를 추가하고, 로컬 값들을 설정하려 할 때는 명령에 --local 파라미터를 추가하면 된다.

이름 식별처럼 글로벌 설정은 별거 아니지만 시스템 사용자에 의해 생성된 모든 저장소에 대한 글로벌 값을 갖는 반면, 로컬 설정은 정반대의 속성을 가진다. 이쯤 되면 user.name과 user.email 파라미터는 각 사용자의 이름과 이메일 주소를 기록한다는 것을 예측해볼 수 있다.

앞서 실행한 설정 명령의 목록 중에서 마지막에 사용한 -l 파라미터로 깃의 모든 설정 값의 목록을 확인할 수 있다.

## 디렉토리에 파일 추가

이제 기본 준비를 완벽히 마쳤으니 생성한 저장소에 파일을 추가하는 다음 단계로 이동하자.

아, 잠깐! 앞에서 계속 거론되는 저장소<sup>repository</sup>란 용어는 무엇일까? 앞서 거론했듯이 깃에서 주시하는 디렉토리/폴더를 '저장소'라고 이야기할 수 있다.

깃의 익숙하지 않은 용어들을 배우면서 인상적인 데이트를 계속해보자. 파일을 추가하는 절차는 매우 간단한데, 파일을 복사해서 저장소 안에 붙여 넣거나 그 안에서 파일을 생성하면 지켜보고 있던 깃이 물어본다.

### 실습 예제 | (GUI와 CLI 모드에서) 디렉토리에 파일 추가

"I love working with Git. It's a simple, fast and superb version control system"라는 문구를 가진 context.docx(.docx 파일을 생성할 수 없는 사람은 .odt, .txt 같은 다른 형식의 문서를 생성해도 된다)라는 문서를 생성해 3장을 시작하면서 언급한 기능들을 연습하면서 익혀보자.

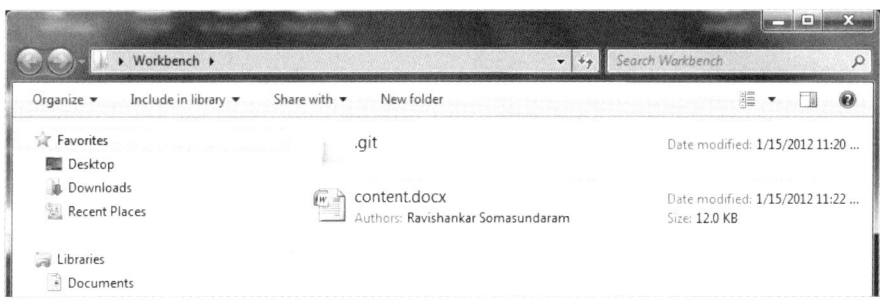

깃은 저장소에 추가된 파일들에 대해 보고하며, 다음 절차에 대한 여러분의 지시를 기다릴 것이다. 단계를 수행하는 과정에서 파일들의 변경 사항을 깃이 주시하는 원리에 대해서는 다음에 알아보기로 하고 계속 진행하자.

GUI 모드를 사용한다면 다음 단계들을 수행한다.

**1** Action 영역에서 Rescan 버튼을 클릭한다(혹은 F5 키를 누른다).

**2** Unstaged changes 영역에 있는 파일명 옆에 있는 아이콘을 클릭하면 Staged changes 영역으로 파일이 이동한다.

CLI 모드를 사용한다면 다음 명령을 입력한다.

```
git status
git add content.docx
```

### 보충 설명

성공적으로 저장소에 파일을 추가했다.

Rescan 버튼을 클릭하거나 `git status` 명령을 입력하는 것은 저장소의 이전 상태와 달라진 변경 사항들을 알려달라는 의미다. 언스테이지드 변경 사항unstaged changes이라고 불리는 변경 사항들은 저장소에 가장 최근 승인 이후 일어난 변경 사항들을 의미한다.

이 변경 사항들은 파일명 옆의 아이콘을 클릭하거나 `git add` 명령을 이용한 사용자의 승인에 의해 staged changes state로 이동한다.

## 파일 추적 배제

깃의 감시 범위 아래에 파일을 추가하는 방법만을 살펴봤지만, 작업 중인 저장소에 추가된 파일 중에서 배제하고 싶은 것들도 있을 것이다. 실제 예로, 이전 단계에서 저장소에 추가한 content.docx 파일에 콘텐츠를 추가하면 다음 화면에서 보는 것처럼 변경 사항이 생긴 두 개의 파일 content.docx와 ~$ontent.docx에 대해 깃이 보고하는 상황(물론 Git GUI를 갱신한 후 혹은 CLI에서 `git status` 명령을 수행한 후)을 마주하게 될 것이다.

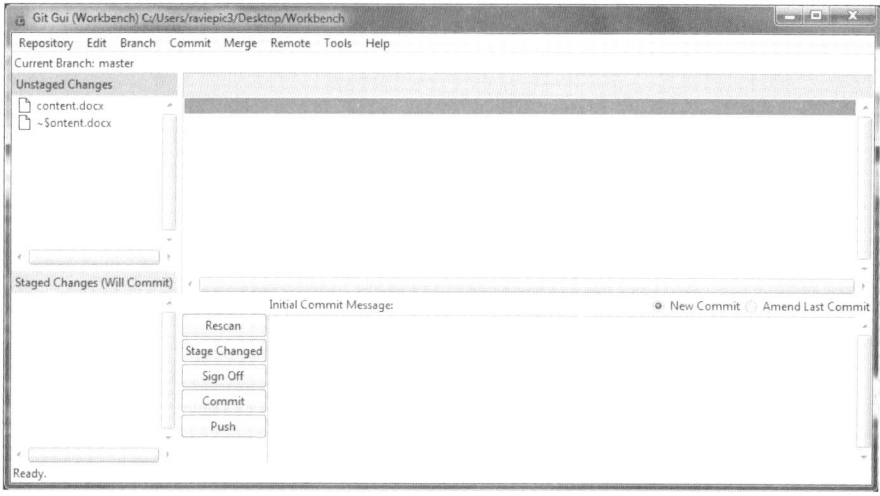

이런 상황은 열어놓은 content.docx 워드 문서를 닫지 않고 Git GUI를 갱신하거나 `git status` 명령을 실행하면 일어난다.

마이크로소프트의 워드 애플리케이션은 만약의 사태를 대비해 일정 간격으로 현재 작업 공간을 저장하고 복구할 수 있는 임시 파일을 생성하는 기능(설정할 수 있음)을 갖고 있기 때문이다.

문서 작업 중에 갑작스런 종료 전에 적절히 저장하지 못했을 때 최근 변경 사항들을 복구할 수 있는 파일 복구 지점을 보관하려는 체계일 뿐이다.

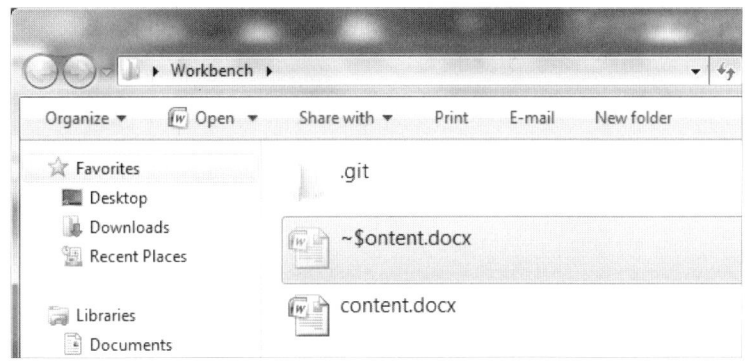

마이크로소프트 워드뿐 아니라 모든 스마트한 애플리케이션과 편집기들은 사용자들이 안심할 수 있는 방법을 갖고 있다. 이 파일들은 소스 파일을 저장하고 닫는 순간에 맞춰 자동으로 삭제된다. 이런 임시 파일들의 변경 이력을 관리하는 것은 아무런 가치가 없다.

그러니 저장소에 파일들을 추가하는 동안 커밋을 진행하기 전으로 되돌아가기 어렵게 하는 임시 파일들을 제외하는 것이 중요하다.

일부 파일들을 제한적으로 깃에 추가하는 방법은 쓸 만하지만, 저장소에서 관리해야 할 파일들의 수가 많아졌을 경우 매번 아이콘을 선별적으로 클릭하거나 `git add`를 이용해 각 파일을 추가하는 등의 소모적이고 피곤한 작업들을 해야 한다.

### 번거로운 작업

여러 개의 파일들을 Unstaged Changes 영역에서 Staged Changes 영역으로 이동시키는 방법은 다음과 같다.

- **GUI** 일일이 파일들의 아이콘을 클릭하는 대신 **Ctrl + I**를 입력하고 미확인 파일들을 추가할 것인지 묻는 창이 뜨면 yes를 선택한다.

- **CLI** `git add .` 명령은 GUI 모드에서 사용한 **Ctrl + I**와 동일한 기능을 한다. 간단하게 변경 사항들을 이동시킬 것이다. *.docx처럼 와일드카드 문자(*)를 이용하는 방법도 가능하다.

    ```
    git add .
    git add *.docx
    ```

이런 선택 사항들은 파일을 한 번에 하나씩 추가하는 피곤한 절차를 줄일 수 있지만, 저장소에 추가되는 임시 파일들을 제외할 수는 없다. 그렇다면 어떻게 해야 효과적으로 다수의 파일들이나 파일 유형을 제외시킬 수 있을까?

### 구원의 .gitignore

다행스럽게도 깃은 이런 상황에 대한 대비가 돼 있다. 저장소 안에 .gitignore라고 불리는 파일을 생성하고, 깃에서 제외할 파일명이나 파일명의 패턴을 입력하면 된다.

## 실습 예제 | .gitignore의 사용 방법

**1** 편집기를 열고 다음 내용을 입력한다.

   ~*.*

**2** 다음 그림에서 보듯이 Workbench 저장소 안에 .gitignore라는 이름으로 파일을 저장한다.

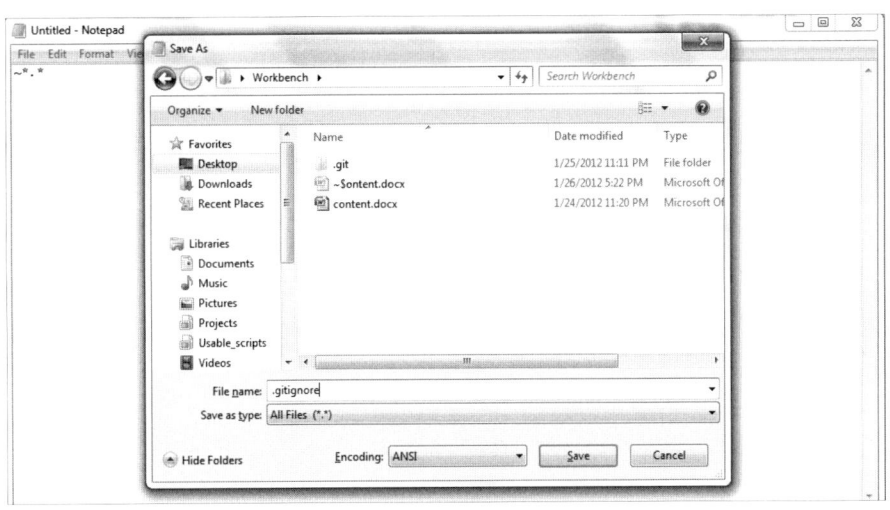

파일을 저장할 때 Save as type에서 All Files 옵션을 선택하고 저장해야 한다.

### 보충 설명

성공적으로 워드 애플리케이션이 생성하는 임시 파일을 무시하라고 깃에게 명령했다. GUI에서 갱신을 하거나 CLI에서 상태를 확인해보자. Unstaged Changes 영역에 content.docx 파일과 .gitignore 파일은 추가된 반면 임시 파일은 추가되지 않은 것을 확인할 수 있을 것이다.

깃은 현재 저장소에 새로운 파일들(변경 사항을 추적하지 않은)에 대한 제외 사항들을 확인하기 위해 .gitignore 파일을 점검한다. 워드에 의해 생성되는 임시 파일은 임시 파일명(~$ontent.docx)에서 본 것처럼 특수 문자 ~로 시작한다는 사실을 추측해볼 수 있다. .gitignore 파일에 항목을 추가하면 이 문자로 시작하는 모든 파일이 부합할 것이다. .gitignore 파일에 ~*.* 항목을 넣어 특수 문자 ~로 시작하는 파일명을 가진 파일들을 제외할 수 있다.

.gitignore 파일에 추가 사항은 한 번만 적용된다. 파일 내의 제외 규칙은 필요한 경우 저장소에 추가한 파일의 특성과 콘텐츠 유형에 맞춰 갱신해야 한다.

### 추가 되돌리기

커밋을 하기 전에 Staged Changes에서 Unstaged Changes 영역으로 파일을 옮기고 싶을 때는 다음처럼 할 수 있다.

- GUI    Staged Changed 영역에 있는 파일명 옆에 있는 아이콘을 클릭한다.
- CLI    다음 명령을 이용한다. `git reset filename.extension`

## 추가된 파일 커밋

지금까지는 저장소를 초기화하고, 저장소에 파일들을 추가하고, 그것들을 스테이징 상태로 변경해봤다(파일들의 스테이지를 변경해 Staged changes로 밀어 넣었다). 그러나 아직 버전 관리 아래에 있는 커밋된 파일들은 아니다(커밋을 하고 나면 깃은 파일의 내용을 기록하고 파일/파일들에 대한 새로운 단계$^{phase}$를 저장한다. 그리고 나면 파일 콘텐츠의 변경된 부분을 이전에 보관된 변경 이력과 최근에 저장된 변경 이력을 비교해 식별할 수 있게 된다).

깃과 관련된 새로운 전문 용어가 추가됐는데, 이런 절차를 커밋$^{Commit}$이라고 한다.

파일들에 대한 커밋을 준비해보자. 처음으로 저장소에 파일을 추가하고 커밋을 하면 깃은 새로운 파일을 등록한다. 더 나아가 같은 저장소 내의 파일들에 대한 커밋이 만들어지면 저장소 내 동일한 파일의 이전 버전을 기반으로 변경 사항들을 커밋할 수 있을 것이다. 깃이 여러분의 지시를 따르기는 하지만 모든 커밋에 대해 주석을 제공하는 건강한 습관은 다양한 파일 유형과 관련된 여러분의 생각과 행동들을 살펴볼 수 있고, 여러분의 반복적인 패턴 관찰을 바탕으로 인공지능 시스템을 구축할 수 있다. 기본적으로 커밋에 작성하는 주석은 저징소 내 파일과 변경 사항을 파악하고자 하는 자신을 비롯한 다른 이들에게 도움이 돼야 한다.

주석을 잘 작성해두면 또 다른 정보가 된다. 이론적인 배경을 살펴봤으니 본격적으로 시작해보자.

### 실습 예제 | GUI 모드에서 파일 커밋

1. Action 영역의 Initial Commit Message 라벨 아래 공간에 이 커밋에 대한 이유를 입력한다.

2. Commit 버튼을 클릭한다. 커밋을 하고 나면 하단에 status commit ID: your comment for the commit<sup>커밋에 작성한 주석</sup> 패턴의 상태 메시지를 확인할 수 있다.

커밋 ID는 나중에 여러분이 커밋을 찾으려 할 때 깃이 사용하는 고유한 식별자다. 주석의 다른 사용법과, 깃의 커밋 ID와 관련된 새로운 기능들을 살펴보자.

### 실습 예제 | CLI 모드에서 파일 커밋

앞에서 커맨드 프롬프트를 열고 초기화 과정을 언급했었다. 깃 명령을 입력하자.

```
git commit -m "your comments for the commit"
```

```
C:\Users\raviepic3\Desktop\Workbench>git commit -m "Initial commit to showcase the commit functionality of Git"
[master (root-commit) 8b4fe08] Initial commit to showcase the commit functionality of Git
 2 files changed, 1 insertions(+), 0 deletions(-)
 create mode 100644 .gitignore
 create mode 100644 content.docx

C:\Users\raviepic3\Desktop\Workbench>
```

상태 창의 메시지와 유사한 메시지를 볼 수 있을 것이다.

### 보충 설명 |

저장소에 성공적으로 파일들을 커밋했다. 앞으로 이 파일들을 변경하겠다.

저장소 안에서 파일의 콘텐츠를 변경했을 때 어떤 일이 일어나는지 살펴보자.

갑작스럽게 content.docx 파일 안에 "It's a simple, fast, and superb version control system"에 대해 언급한 것 대신 깃이 내 작업에 어떤 영향을 끼치는지 전달할 필요성을 느꼈다. 나는 "It increases my productivity manyfold when working with files that have frequent content changes" 문구로 변경할 것이다.

깃은 변경 사항을 추적하고 그것을 가리키며 상태의 갱신에 관해 물을 것이다.

## 실습 예제 | GUI 모드에서 재스캔

이미 Git GUI를 열어둔 상태라면 깃으로부터 가장 최근의 상태로 갱신하기 위해서는 Rescan 버튼을 치면 된다. 툴을 열어두지 않았다면 어떻게 실행하는지는 알고 있다고 가정하고 진행하겠다.

앞서 봤듯이 파일의 내용이 변경되면 Unstaged Changes 영역에서 변경된 파일 정보를 볼 수 있다.

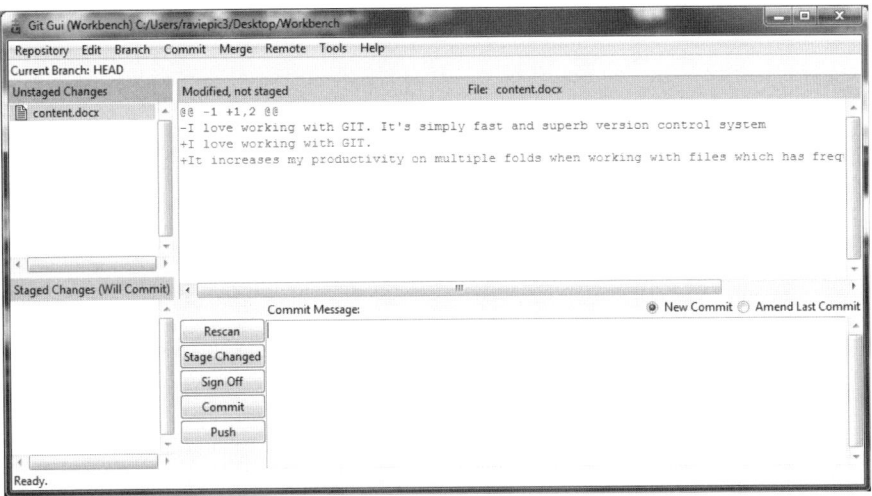

앞에서 파일을 스테이지 상태로 변경하는 방법과 커밋하는 방법을 배웠으니 자세한 설명은 생략한다. 여러분이 알 수 있도록 이번 커밋의 커밋 메시지는 "Added more text that explains why I use Git."이다.

 Content 영역은 파일에 일어난 변경 사항을 보여준다. 파일의 이전 버전과 비교해 추가된 내용은 녹색 문장으로, 삭제된 문장은 적색 문장으로 보여준다. 4장에서 이에 대한 내용을 자세히 살펴본다.

CLI 모드를 선호하는 이들은 저장소에 추가된 파일의 상태를 확인하려 할 때 `status` 명령을 이용하면 되고 GUI와 크게 다르지 않다. `git status` 실행문을 이용해 저장소에서 변경 사항들을 확인해보자.

## 체크아웃

좋다, 지금까지 깃에게 명령을 내려 파일들의 버전을 관리하게 하는 개념을 익혔다. 어쨌든 기능 하나를 더 익혀보자.

정리해보자. 워드 애플리케이션에서 뒤로 가기와 되살리기를 사용할 수 없다면 어떤 느낌일까?

깃을 이용해 콘텐츠를 이전 상태로 되돌리는 방법을 배워보자.

체크아웃은 여러분이 저장소에 커밋했던 파일이나 파일 묶음에 대한 변경 사항들 사이를 건너뛸 수 있게 도와주는 절차 중 하나다.

여러분은 이전에 커밋한 파일의 콘텐츠를 살펴볼 수도 있고, 동일한 파일에 대한 최근의 커밋으로 이동하며 최근 변경 사항들을 살펴볼 수도 있다.

이 얼마나 좋은가?

이전 커밋의 파일을 보는 방법은 여러 가지가 있는데, '분기branching'라 불리는 이 주제는 뒤에서 다룬다. 이론적인 부분은 나중에 알아보기로 하고, 일단 해보자.

### 실습 예제 | GUI 모드에서 체크아웃

**1** Git GUI를 열고 메뉴에서 Repository를 선택하고 Visualize All Branch History 옵션을 선택하면 gitk가 열린다.

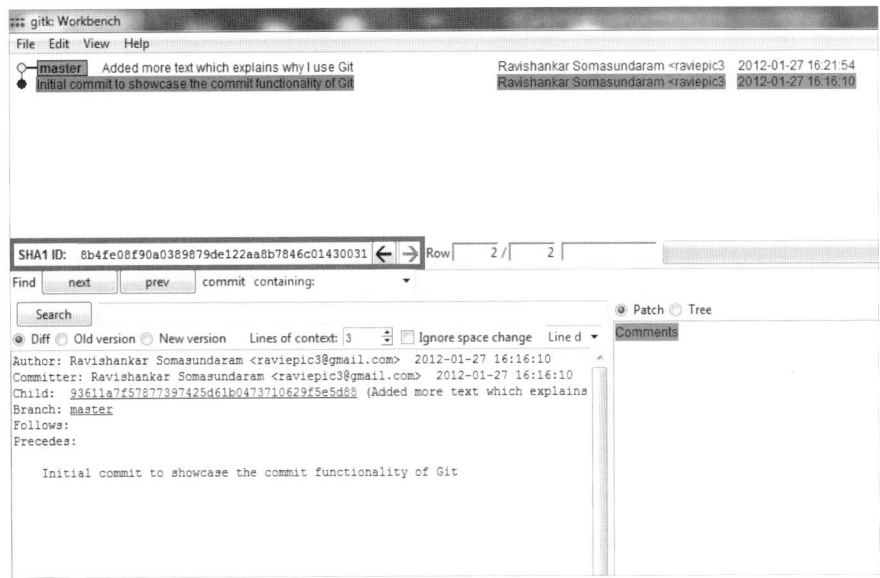

Gitk는 저장소에 관한 태깅tagging, 리셋reset 등과 같은 다양한 종류의 명령을 시각적으로 처리할 수 있는 강력한 그래픽 저장소 브라우저다.

다시 말하지만, 화면에 표시된 엄청난 양의 정보에 놀랄 필요는 없다. 차근차근 살펴볼 예정이니……

먼저 좌측 상단을 살펴보면 여러분이 만든 커밋에 대해 색상을 가진 동그라미가 표시된 경로를 볼 수 있다. 동그라미 옆으로 주석이 표시된다.

바로 밑에 SHA1 ID라는 필드를 보면 앞에서 선택한 커밋의 커밋 ID를 볼 수 있다. 앞서 설명했던 이 커밋 ID는 커밋 시간 여행을 할 수 있게 하는 식별자다.

2 Initial commit to showcase the commit functionality of Git 커밋 메시지를 갖고 있는 첫 번째 커밋을 선택한다. SHA1 ID 필드에 보이는 커밋 ID가 나타나면 그 ID를 복사한다(보이는 항목을 더블클릭해 선택한 후 Ctrl + C를 눌러 복사한다).

3 Git GUI로 전환해서 Branch ▶ Checkout을 선택해서 체크아웃 명령 창을 연다(혹은 Ctrl + O를 누른다). 다음 그림에서 보는 것처럼 Revision Expression 항목에 SHA1 ID를 붙여 넣고 Checkout 버튼을 클릭한다.

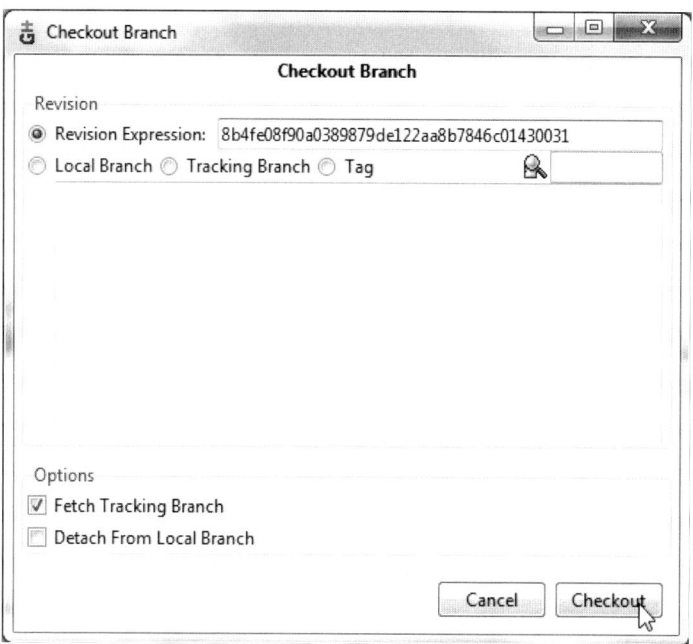

**4** OK 버튼을 클릭하면 대화상자가 나타난다(checkout 용어에 관한 내용은 추후에 분기와 관련된 장에서 설명한다).

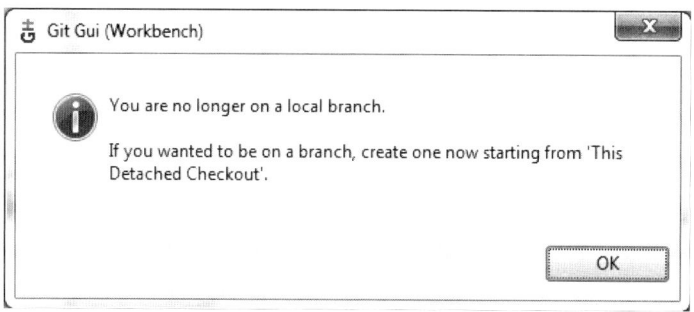

### 보충 설명

성공적으로 시간 여행을 했다. 문서를 지금 열어두고 있다면 문서를 초기 생성했던 상태의 콘텐츠를 볼 수 있을 것이다.

최신 변경 상태로 되돌리고 싶다면 Branch ▶ Checkout ▶ Localbranch를 선택하면 된다. master를 선택하고, Checkout 버튼을 클릭한다.

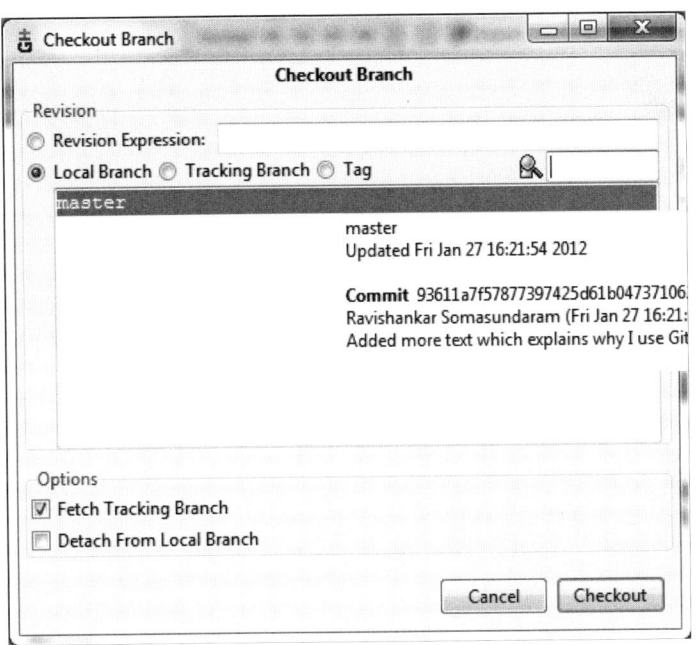

콘텐츠가 최근의 변경 상태로 되돌아가 있는 것을 볼 수 있을 것이다.
와우~ 놀랍지 않은가?

### 실습 예제 | CLI 모드에서 체크아웃

**1** 깃과 관련된 명령들을 익혀보자.

```
git log
git checkout ___commit_id___
```

git log 명령은 저장소 이력을 보여준다. 커밋 ID, 작성자, 작성일자, 커밋 주석 등의 추가 정보를 보여준다. 커밋 ID는 나중에 사용하기 위해 필요하다.

```
C:\Windows\system32\cmd.exe

C:\Users\raviepic3\Desktop\Workbench>git log

commit 93611a7f57877397425d61b0473710629f5e5d88
Author: Ravishankar Somasundaram <raviepic3@gmail.com>
Date:   Fri Jan 27 16:21:54 2012 +0530

    Added more text which explains why I use Git

commit 8b4fe08f90a0389879de122aa8b7846c01430031
Author: Ravishankar Somasundaram <raviepic3@gmail.com>
Date:   Fri Jan 27 16:16:10 2012 +0530

    Initial commit to showcase the commit functionality of Git

C:\Users\raviepic3\Desktop\Workbench>_
```

40여 글자의 일련번호를 기억해야 하는지 걱정할 필요는 없다. 깃이라는 마법 막대는 커밋을 식별하기 위해 나머지 문자들을 채우는 어려운 작업을 대신하는 앞의 다섯 글자를 사용하는 방법을 제공한다.

2  실제 동작 화면을 살펴보자.

```
commit 93611a7f57877397425d61b0473710629f5e5d88
Author: Ravishankar Somasundaram <raviepic3@gmail.com>
Date:   Fri Jan 27 16:21:54 2012 +0530

    Added more text which explains why I use Git

commit 8b4fe08f90a0389879de122aa8b7846c01430031
Author: Ravishankar Somasundaram <raviepic3@gmail.com>
Date:   Fri Jan 27 16:16:10 2012 +0530

    Initial commit to showcase the commit functionality of Git

C:\Users\raviepic3\Desktop\Workbench>
C:\Users\raviepic3\Desktop\Workbench>
C:\Users\raviepic3\Desktop\Workbench>
C:\Users\raviepic3\Desktop\Workbench>git checkout 8b4fe
Note: checking out '8b4fe'.

You are in 'detached HEAD' state. You can look around, make experimental
changes and commit them, and you can discard any commits you make in this
state without impacting any branches by performing another checkout.

If you want to create a new branch to retain commits you create, you may
do so (now or later) by using -b with the checkout command again. Example:

  git checkout -b new_branch_name

HEAD is now at 8b4fe08... Initial commit to showcase the commit functionality of Git

C:\Users\raviepic3\Desktop\Workbench>
```

이제 이전 커밋으로 되돌렸고 파일들이 이전 커밋의 콘텐츠로 구성돼 있을 것이다. 이제 파일의 콘텐츠를 볼 수 있다.

이전 커밋으로 체크아웃을 되돌리려고 할 때 멈추는 경우가 종종 있다. 마스터로 돌아가면 일부 파일들이 손실될 것이다. 이 상황을 제어하는 분기라 불리는 개념은 뒤에서 살펴본다.

**3** `git checkout master`를 실행하면 최근 변경 사항으로 되돌린다.

```
C:\Users\raviepic3\Desktop\Workbench>git checkout master
Previous HEAD position was 8b4fe08... Initial commit to showcase the commit functionality of Git
Switched to branch 'master'

C:\Users\raviepic3\Desktop\Workbench>
```

위 화면과 비슷한 메시지가 표시됐다면 최신 변경 상태로 되돌아왔을 것이다. 다시 파일의 콘텐츠들을 볼 수 있다.

## 리셋

이전에 배운 체크아웃 기능과는 달리 리셋은 콘텐츠에 대한 되돌릴 수 없는 시간 여행이다. 리셋에는 다음과 같은 3가지 유형이 있다.

- Soft
- Hard
- Mixed

커밋 후 모든 변경 사항을 무시하려는 우리의 목표는 hard reset을 수행함으로써 달성될 수 있다. 따라서 3장에서는 hard 형태에 관해서만 배울 것이다.

## 실습 예제 | GUI 모드에서 리셋

**1** Git GUI 화면에서 Repository 메뉴를 선택하고 Visualize All Branch History 옵션을 선택해 Gitk를 연다.

**2** 좌측 상단 영역을 보면 저장소가 어떤 이력을 갖고 있는지 보기 좋게 표시된다. 선의 오른쪽에 두 개의 커밋이 있다. 화면에서 보는 것처럼 Initial commit to showcase the commit functionality of Git 커밋 메시지를 갖는 첫 번째 커밋을 선택한 후 오른쪽 클릭하고 Reset master branch to here 옵션을 선택한다.

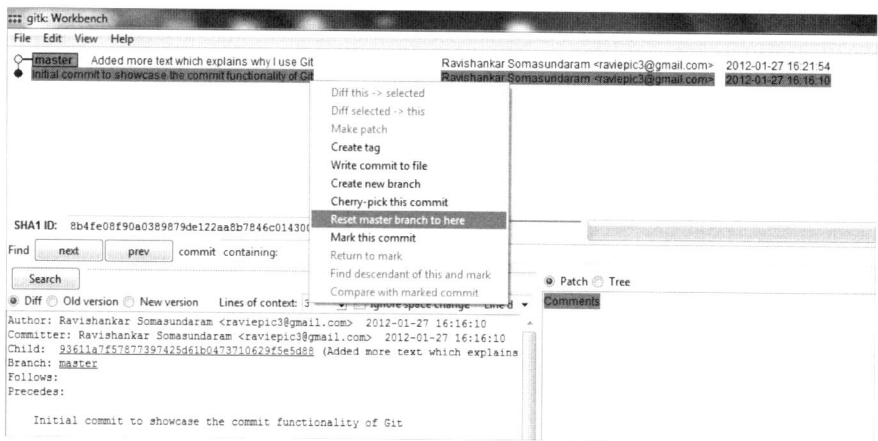

**3** 확인 대화상자가 나타나면 앞서 언급했던 세 가지 리셋 옵션을 볼 수 있다. 이제 그림에서 보는 것처럼 Hard를 선택하고 OK 버튼을 클릭한다.

4 Gitk는 변경된 저장소의 이력을 자동으로 다시 읽어올 것이다. 갱신되지 않는다면 메뉴에서 File ▶ Reload 옵션을 선택하거나 Ctrl + F5를 눌러 갱신할 수 있다.

## 실습 예제 | CLI 모드에서 리셋

CLI 모드에서 리셋하는 방법을 따라해보자.

```
git log
git reset --hard 8b4fe
```

```
C:\Windows\system32\cmd.exe

C:\Users\raviepic3\Desktop\Workbench>git log
commit 93611a7f57877397425d61b0473710629f5e5d88
Author: Ravishankar Somasundaram <raviepic3@gmail.com>
Date:   Fri Jan 27 16:21:54 2012 +0530

    Added more text which explains why I use Git

commit 8b4fe08f90a0389879de122aa8b7846c01430031
Author: Ravishankar Somasundaram <raviepic3@gmail.com>
Date:   Fri Jan 27 16:16:10 2012 +0530

    Initial commit to showcase the commit functionality of Git

C:\Users\raviepic3\Desktop\Workbench>git reset --hard 8b4fe
HEAD is now at 8b4fe08 Initial commit to showcase the commit functionality of Git


C:\Users\raviepic3\Desktop\Workbench>git log
commit 8b4fe08f90a0389879de122aa8b7846c01430031
Author: Ravishankar Somasundaram <raviepic3@gmail.com>
Date:   Fri Jan 27 16:16:10 2012 +0530

    Initial commit to showcase the commit functionality of Git

C:\Users\raviepic3\Desktop\Workbench>
```

git log는 리셋의 대상이 되는 커밋 ID를 확인하기 위해 사용했고, git reset --hard your_commitid 실행문은 깃에게 커밋 ID 이후의 모든 변경 사항을 리셋하고 싶다는 뜻을 전달한 것이다.

### 보충 설명

축하한다! 저장소를 수행 이전 상태로 리셋했다. 검증할 수 있다. 저장소에 있는 파일의 콘텐츠와 기록들을 통해서 확인할 수 있다.

## 깃 도움말

깃은 꾸준하게 배워야 하는 플랫폼이다. 그에 대해 준비돼 있다면 더할 나위 없으며, 다양한 방법으로 해볼 수 있기에 사용할 때마다 새로운 것을 익힐 수 있는 좋은 기회가 된다. Git CLI에서 수행하는 기본적인 실행 명령은 다음과 같은 패턴을 갖는다.

```
git operation_keyword parameters and/or values
```

깃을 사용할 때 로컬/오프라인 어디서든 사용할 수 있다.

깃은 도우미 모듈을 갖고 있다. 그것들은 특정 명령 자체를 모르거나 특정 명령에 관한 사용 예에 대해 확신하지 못할 때에도 도움을 줄 수 있는 모듈을 갖고 있다. 다음 명령을 이용해 즉시 내장 문서built-in documentation를 참조할 수 있다.

`git help`를 이용하면 커맨드라인 파라미터나 사용 가능한 실행 용어의 설명을 확인할 수 있다.

`git help operation_keyword`로 기본 브라우저를 열어 특정한 명령에 대한 완성된 참조 시트를 얻을 수 있다. 명령에 대한 도움말 매뉴얼을 열어 해당하는 명령에 대한 상세한 설명을 확인할 수 있다.

> **도전 과제 | help 모듈 사용**

자주 사용하는 깃 명령 목록을 작성하고, 명령을 하나 선택해 도움말 페이지를 열어 살펴보자.

## 정리

GUI와 CLI 모드 모두에서 다음과 같은 것들을 하는 방법을 배웠다

- 저장소 초기화
- 깃 설정
- 저장소에 파일 추가
- 저장소에 추가되길 원하지 않는 파일 처리
- 새로운 파일이나 기존 파일의 내용 변경 커밋
- 오래 전 데이터를 참조하기 위해 이전 커밋으로 체크아웃
- 저장소를 리셋해서 이전에 기록된 상태로 복구하는 방법

- 도움말 기능 사용

바로 다음에 다음과 같은 내용을 배운다.

- 다양한 환경을 유지하고 그 환경 속에서 많은 사용자 계정을 통해 기록하는 방법
- 이전 커밋에서 변경 사항들을 지속적으로 만들면서 하나의 소스에서 다양한 경로를 유지하는 방법(분기라고 불리는 기술)

# 4
# 깃을 이용한 분산 작업

지금까지는 단일 로컬 저장소에서 작업해 왔다. 이제 여기서 한걸음 더 나아가 앞서 살펴봤던 깃의 기능들 중에서 가장 멋진 기능(깃을 이용한 분산 작업)을 탐구할 것이다.

4장에서는 다음과 같이 협력 개발의 기본을 배우게 된다.

- 파일이나 프로젝트를 인터넷이나 인트라넷을 통해 공유하는 방법
- 다음과 같은 다양한 개념
    - Git clone
    - Git fetch
    - Git merge
    - Git pull
    - Git push
    - Git remote

이 개념들은 인터넷과 인트라넷을 통해 점진적이고 지속적으로 파일을 공유할 수 있게 해준다.

## 파일을 공유해야 하는 이유

같은 컴퓨터에서 게임을 한다는 가정하에서 깃의 기본들을 이해해보자.

### 시나리오 1: 1인 플레이어

좋아하는 게임들 중에서 특정 지점에서 게임의 상태를 저장해뒀다가 다시 시작이 가능한 시스템의 게임을 떠올려보자. 멀리 떨어진 곳에서 컴퓨터에 접근해 게임을 다시 시작하고 싶어졌다고 가정하자. 그러나 시스템의 저장된 게임 파일에 접근할 수 없기 때문에 게임을 할 수 없다.

여러분의 데이터 파일들도 같은 상황에 있다고 보면 된다. 우리는 평균적으로 하루에 2~3군데를 돌아다니게 된다. 새로운 시스템에 데이터 파일들을 가져와 시작할 필요 없이 지속적으로 일할 수 있는 방법이 있다면 얼마나 생산적일지 생각해보자.

### 시나리오 2: 동시에 여러 명의 플레이어 접속

여러 단계로 구성된 좋아하는 어드벤처 게임을 생각해보자. 다음 단계로 나아가야 하는데, 어떻게 진행해야 할지 모르는 곤란한 상황에 빠졌다고 상상해보자.

허망하게 게임을 마치는 끔찍한 상황을 맞이한 순간, 불현듯 친구가 이 단계에 전문가라는 것을 상기하고 친구의 도움을 받고자 한다. 최근 상태를 저장한 게임파일을 친구와 공유해 친구가 이 레벨을 통과할 수 있게 하고, 통과한 상태를 저장하고, 여러분에게 파일을 푸시해 돌려받으면 게임을 계속할 수 있을 것이다.

데이터 파일로 작업할 때 동일한 상황에 해당하는데, 특히 팀으로 일을 할 때, 또는 하나의 결과를 얻기 위해 큰 목표를 세우고 함께 일하는 다른 부서의 서로 다른 사람들과 어울려 팀으로 작업할 때 더욱 그렇다. 이 또한 가능하다. 혹은 도메인 전문가가 업무의 특정 부분에 대해서 처리해주기를 바라는 경우에도 그렇다.

네트워크를 통해서 파일을 공유하는 방법은 다음과 같이 크게 두 가지가 있다.

- 인터넷
- 인트라넷

접근성을 바탕으로 적절한 방법을 결정한다.

### 원격지의 소스를 푸시하고 풀하기

앞서 시나리오 1을 통해 분산된 파일 시스템이나 시나리오 2를 통해 협력 개발에 대한 개념을 잡았다. 앞서 진행한 것들은 다음과 같은 깃의 5가지 기능을 익히기 위한 것이다.

- Git clone
- Git fetch
- Git merge
- Git push
- Git remote

위의 기능들을 사용하면서 빠르게 이해해보자.

### 복제를 제한하지 않는다.

그렇다, 여기서는 깃의 복제clone 기능에 대해 이야기하고 있다. 깃의 복제는 정확히 복제하거나 기존 저장소에 있는 이력들을 복제할 때 사용된다.

어떻게 복제된 모든 저장소가 각각 동기 상태를 유지하는지 궁금할 것이다.

좋다, 4개의 깃 명령을 통해 답변을 대신한다. 앞서 `git clone` 이후 살펴볼 `git fetch, git merge, git push, git remote`들이 그렇다.

- **Git fetch**  이 명령은 소스부터 목적지까지 변경 사항들을 가져오는 데 사용한다.
- **Git merge**  병합merge은 두 개의 작업 공간(기술적으로 분기branches라고 부르는)을 하나

로 합치는 과정이다. 원격지에 있는 사용자로부터 원격지 소스들의 변경 사항을 가져와 현재 사용자의 작업 공간으로 합치는 데 자주 사용한다.

 Git pull: git pull을 실행하면 내부적으로 git fetch가 실행되고 뒤이어 git merge가 실행된다. 그러므로 이것을 이용하면 fetch와 더불어 병합을 사용할 수 있다.

- **Git push**  이 명령은 소스를 목적지에 밀어넣는 데 사용한다.
- **Git remote**  이 명령은 소스와 목적지를 관리하는 데 사용한다. 어디서 어떻게 작업 내용을 공유할 수 있는지와 반대의 경우를 알려준다.

git remote 같은 명령은 원격 연결을 이용해 데이터를 공유할 수 있는 명령이다. 또한 git fetch, git push, git pull은 git remote를 통해 제공된 원격 연결을 이용한다.

이제 몇 개의 개념을 살펴볼 것이다. 이것들을 어떻게 다루는지 살펴보자.

## 시나리오 1: 해결책

앞서 시나리오 1의 상황에서 깃을 어떻게 사용하는지 언급했다.

### 공개: 인터넷을 통해 공유

서로 다른 가격 정책을 가진 다양한 온라인 깃 호스팅 제공 서비스를 이용할 수 있다. 일반적으로 제한된 서비스를 무료로 제공하고 추가적인 사용을 위해서는 비용을 지불하게 돼 있다. 일부 서비스는 접근 횟수를 제한하면서 모든 기능을 제공하고, 계속 사용하려면 유료 정책을 선택해야 한다고 묻거나, 두 가지를 조합한 형태를 취하기도 한다.

나는 비트버킷$^{Bitbucket}$을 이용할 것이다. 비트버킷은 세 번째 유형에 속하는 신뢰할 만한 서비스이며, 지금부터 인터넷을 통해 공유와 관련된 개념을 익혀본다.

비트버킷은 아틀라시안$^{Atlassian}$에서 무료로 제공하는 제품이며, 공개 또는 비공개 저장소에 대한 제한은 없지만, 비공개 저장소를 이용해 공유할 경우 사용자의 숫자를 제한한다. 즉, 무료로 비공개 저장소에 접근해 읽고 쓰고 공유할 수 있는 사용자의 숫자는 5명까지 가능하다.

 비트버킷은 Github, Codaset 혹은 다른 서비스들과 경쟁 관계에 있다. 내가 선택한 비트버킷은 비공개 저장소를 무료로 제공한다.

### 비트버킷

비트버킷에 가입해보자. 브라우저를 열고 https://bitbucket.org로 이동한 후 Pricing 버튼을 클릭해 이동한 화면에서 free 영역에 있는 Sign up 버튼을 클릭한다. 페이지가 가입 페이지로 이동하면 계정 유형 중에 Individual을 선택한다(전체 팀이 단독 계정을 사용해야 한다). username과 password 항목에 자신의 사용자명과 비밀번호를 입력하고, 이메일 주소 항목에 여러분이 사용하는 이메일 주소를 입력한다. 그림에서 보는 것처럼 First Name과 Last name은 선택 항목이다.

가입 절차가 완료되면 비트버킷에서 발송한 이메일 검증 메일을 받게 될 것이다.

 Github, Facebook, Twitter에 사용하는 계정을 갖고 있는 경우에는 그 계정을 통해 가입할 수 있다.

비트버킷의 매력적인 점 중 하나가 지메일처럼 대부분의 동작을 단축키로 할 수 있다는 점이다. 지메일과 유사하게 Shift + ?를 눌러 단축키 목록을 확인할 수 있다. 다음 표는 자주 사용하는 단축키를 참조할 수 있도록 보여준다.

| 단축키 | 동작 |
| --- | --- |
| ? | 단축키 도움말을 보여준다. |
| c + r | 저장소 생성 |
| i + r | 저장소 임포트(import) |
| g + d | 대시보드로 이동 |
| g + a | 계정 설정으로 이동 |
| g + i | 인박스(inbox)로 이동 |
| / | 사이트 검색에 초점을 맞춘다. 사이트 검색 필드에 포커스가 옮겨진다. |
| Esc | 도움말을 감추거나 폼의 입력 창에서 포커스를 제거한다. |
| u | 단축키를 눌렀던 기록을 따라 뒤로 되돌린다. 브라우저에서 사용한 뒤로 가기(Back) 버튼과 같다. 이 단축키는 비트버킷 내에서 이동한 페이지에만 적용된다. |

계정에 새로운 저장소를 만드는 과정을 시작해보자. c + r을 누르거나 상단의 Repository 메뉴에서 Create repository 옵션을 선택할 수 있다. 혹은 오른쪽 저장소 목록 상단에 있는 Create a repository 링크를 클릭하면 저장소(repo는 repository의 줄임말로 널리 통용된다) 생성을 안내하는 페이지로 이동할 것이다.

94

| 필드명 | 값 | 이유 |
| --- | --- | --- |
| Name | online_workbench | 데스크탑에 있는 Workbench 저장소를 원격 저장소에 임포트할 것이다. |
| Description | An online Git repository to showcase the collaboration function of Git | 저장소에 대한 설명을 기술하는 곳이다. 저장소의 목적에 대한 적합한 설명을 기술할 수 있다. |
| Access level | Checked | 비공개 저장소는 여러분과 접근이 허용된 이들만 볼 수 있다(이 부분에 대해서는 나중에 살펴본다). 이 체크박스를 체크 해제했다면 여러분의 저장소를 모두가 볼 수 있게 된다. |
| Repository | Git | 비트버킷은 깃과 머큐리얼(Mercurial) 두 가지 버전 관리 시스템을 지원한다. 우리는 깃 저장소를 임포트하려고 하니 깃을 선택하자. |

다음의 그림을 참고해 각 항목을 입력한다.

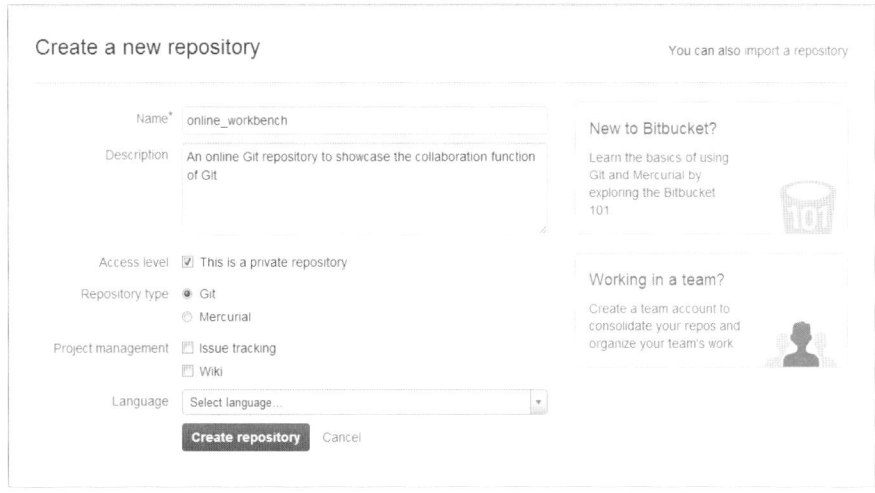

Create repository 버튼을 클릭해 저장소 생성 절차를 완료한다. 그러면 빈 저장소가 생성되고, 다음 그림에서 보는 것처럼 비트버킷에서 다음 행동들을 알려준다.

다음과 같은 두 가지 선택 항목이 있다.

- I'm starting from scratch 링크는 여러분의 기기에 새로운 디렉터리를 생성하고, 비트버킷에서 생성된 저장소를 연결하는 방법을 설명한다.
- I have code I wnat to import 연결은 나중에 다룰 부분들은 제쳐두고 기기에 이미 생성돼 있는 저장소를 비트버킷 저장소에 연결하고, 콘텐츠들을 푸시하는 방법을 설명한다.

이미 저장소를 생성했으니, 다음 그림처럼 두 번째 옵션을 선택한다.

지금 중요한 부분을 수행했다. 다음은 CLI 사용자들을 위해 데스크탑에 있는 Workbench 저장소에서 비트버킷에 있는 online_workbench 저장소에 연결하는 방법을 살펴보자.

### 실습 예제 | CLI 모드에서 원격지의 origin 추가

저장소에 원격지의 origin을 연결하거나 추가하는 방법은 단순하다(아직 여러분의 깃 링고[lingo]에 다른 것을 추가하지 않았다면). 커맨드라인 인터페이스를 띄우고 다음 명령을 입력한다.

```
cd /path/to/your/Workbench/repo
git remote add origin https://your_bitbucket_repo_identity_here/
    online_workbench.git
git push -u origin master
```

git push 명령을 실행한 후에 다음 그림에서 보는 것처럼 비트버킷 계정의 비밀번호를 입력하는 절차를 마치면 과정이 완료된다.

창에서 유사한 메시지를 봤다면 연결된 경로로 전송이 성공한 것이다.

### 보충 설명 |

Workbench 저장소와 비트버킷에 생성한 online_workbench 저장소 사이의 원격 연결을 생성하고 온라인으로 연결돼 있는 상태에서 분산 파일 시스템에 파일을 등록하는 과정과 같이 CLI 모드에서 파일들을 푸시했다.

git remote add 명령은 현재 저장소의 설정 파일과 구분되는 깃 저장소를 추가하고 변경 사항들을 다른 저장소에서 추적한다. origin은 원격 저장소를 지칭하는 에일리어스$^{Alias, 별칭}$다.

git pull에 사용된 -u origin master라는 파라미터는 원격 저장소에 밀어넣거나 끌어올 때 사용하는 기본 분기를 지정하는 데 사용된다.

-u를 사용하지 않고 초기화를 하면 매번 밀어 넣거나 끌어올 때마다 origin master와 같이 요청해야 한다. 밀어 넣기 위한 git push와 끌어오기 위한 git pull에 대해서는 충분히 언급했다.

즉, 컴퓨터에 깃과 애플리케이션 소프트웨어를 설치하고 나면 어디에서든 지속적으로 작업을 진행할 수 있다는 이야기이기도 하다(마이크로소프트 워드를 사용해 워드 문서를 다루는 것과 유사하다).

## 실습 예제 | CLI 모드를 이용해 다른 곳에서 작업 시도

두 번째 단계로 들어가 멀리 떨어진 기기에서 작업을 진행할 수 있다.

다음과 같은 3가지 단계를 거치면 가능하다.

1. 서버로부터 저장소를 복제한다.

    ```
    git clone https://raviepic3@bitbucket.org/raviepic3/online_workbench.git /path/where/you/would/like/the/clone_to_be
    ```

2. 필요한 파일들을 변경한다.

3. 변경한 파일들을 추가해 스테이지 단계로 이동시키고, 커밋하고 밀어 넣는다.

    ```
    git add *
    git commit -m 'Your commit message'
    ```

```
git pull
git push
```

 git pull을 이용하는 대신 git fetch를 입력한 후에 git merge @{u}를 입력하는 방법도 있다.

### 보충 설명

지금까지 시나리오 1의 상황을 효과적으로 다루면서 최대한의 생산성을 얻을 수 있는 해결책을 연습했다.

`git add *`를 이용해 변경 사항들을 모두 스테이지 상태로 변경하고, `git commit`명령을 이용해 확인하거나 기록한다. `git pull`은 서버에서 동기화되지 않은 업데이트 항목들을 가져오는 데 사용한다. `git push`를 이용하면 로컬 저장소의 커밋된 항목들을 서버에 있는 파일들의 변경 사항과 비교해 갱신한다.

 서버에 갱신된 파일들을 밀어 넣기 위한 목적으로 git push를 수행하기 전에 git pull을 수행해야하는 이유를 생각해보자. 좋은 질문이다. 고심을 해보자. 분기(branch)의 개념을 다루면서 더욱 자세히 알게 될 것이다.

### 실습 예제 | GUI 모드에서 원격지의 origin 추가

현재 데스크탑에 `Workbench` 저장소에 원격지의 `origin`을 연결하거나 추가하고, Git GUI를 이용해 다음 절차에 따라 콘텐츠들을 동기화해보자.

**1** Git GUI에서 데스크탑의 `Workbench` 저장소를 연다.

**2** GUI 윈도우의 Remote 메뉴에서 Add 옵션을 클릭한다.

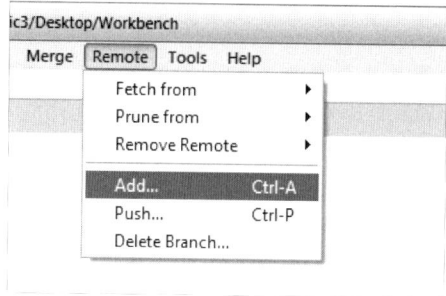

**3** Add New Remote 창이 열리면 세부 항목들을 다음과 같이 입력한다.

| 필드명 | 값 |
|---|---|
| Name | origin |
| Location | https://your_bitbucket_repo_identity_here/online_workbench.git |
| Further Action | Do Nothing Else Now |

**4** 화면에서 보이는 Add 버튼을 클릭한다.

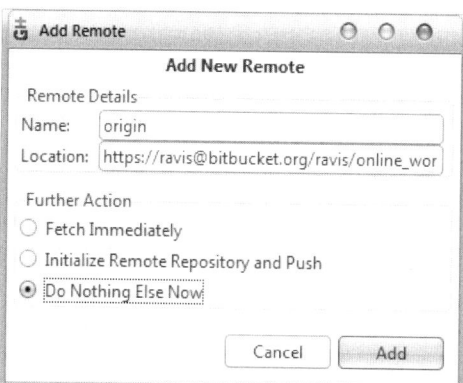

5 Workbench 저장소에 원격 저장소를 성공적으로 연결했다.

6 online_workbench 저장소에 코드를 밀어 넣으려 할 때 마찬가지로 Remote 메뉴로 이동해 Push 옵션을 선택한다. 그러면 다음 화면에서처럼 Push Branches 창이 나타난다.

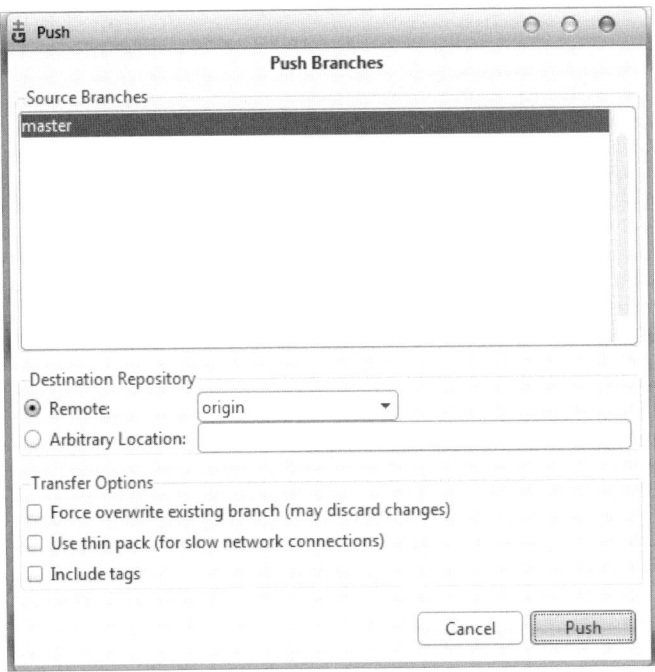

7 기본적으로 Source Branches 아래에 master가 선택돼 있을 것이며, Destination Repository 아래에 있는 Remote 옵션에서는 origin이 선택돼 있을 것이다. 그대로 두고 Push 버튼을 클릭한 후 잠시 기다리자. 잠시만 기다리면 다음 그림에서처럼 비트버킷 계정의 비밀번호를 물어보는 입력 창이 나타난다.

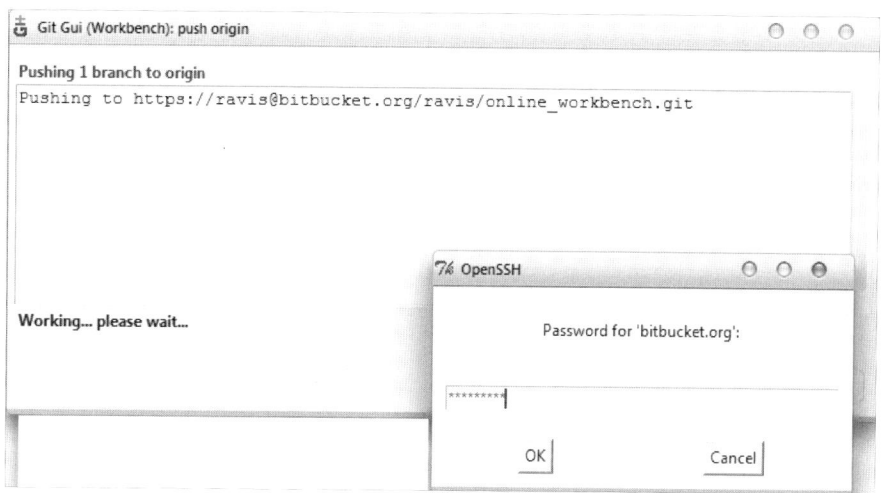

**8** 인증이 성공한 후 다음 그림을 보면 여러분의 콘텐츠는 online_workbench 저장소와 동기화됐다는 것을 이해할 수 있을 것이다.

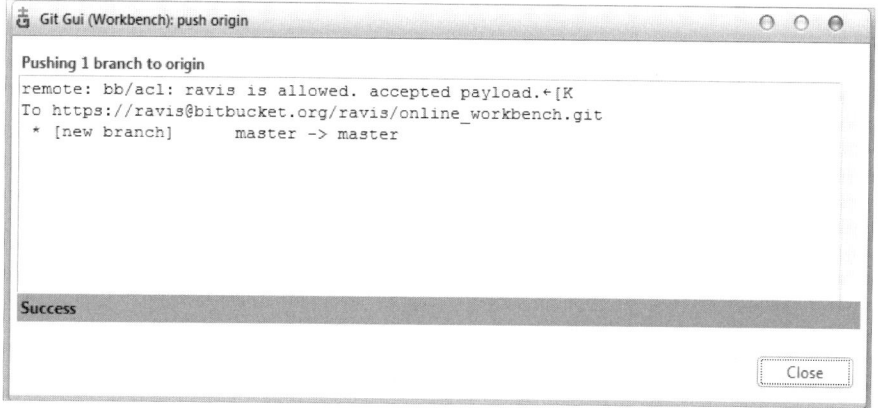

정리해보면 Workbench 저장소의 master 분기가 online_workbench의 master 분기와 동기화됐다(분기와 관한 내용은 나중에 상세히 다룬다).

| 보충 설명 |

Workbench 저장소와 online_workbench 저장소의 원격 연결을 생성하고 온라인으로 연결돼 있는 상태에서 원격 저장소에 밀어 넣었다. 이제 GUI 모드를 이용해 분산 파일 시스템을 사용하기 위한 첫발을 내딛었다.

브라우저를 통해 비트버킷 계정을 확인해보면 다음 그림에서처럼 비트버킷의 대시보드에서 갱신된 이력들을 볼 수 있다.

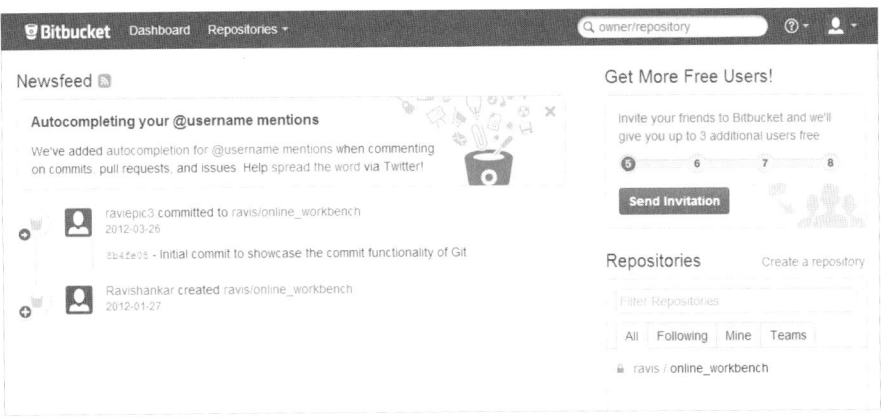

즉, 깃이 설치돼 있는 컴퓨터를 통해 접근할 수 있다면 어디에서든지 작업을 지속할 수 있다는 의미다(마이크로소프트 워드를 이용해 워드 문서를 다루는 것과 유사하다).

찬찬히 다른 탭들을 살펴보면서 익숙해지자. 살펴보는 것을 마쳤으면 분산된 위치에서 작업을 재개할 수 있는 방법을 살펴보며 전반전을 시작하자.

| 실습 예제 | GUI 모드를 이용해서 작업 재개

앞서 온라인 저장소를 만들어 연결하고 로컬 파일들을 동기화하면서 이득을 취했다. 다음과 같은 손쉬운 3가지 절차를 거치면 다른 기기에서 작업을 재개할 수 있다.

**1** 서버로부터 저장소를 복제한다.

i. Git GUI를 열고 Clone Existing Repository 옵션을 선택한다.

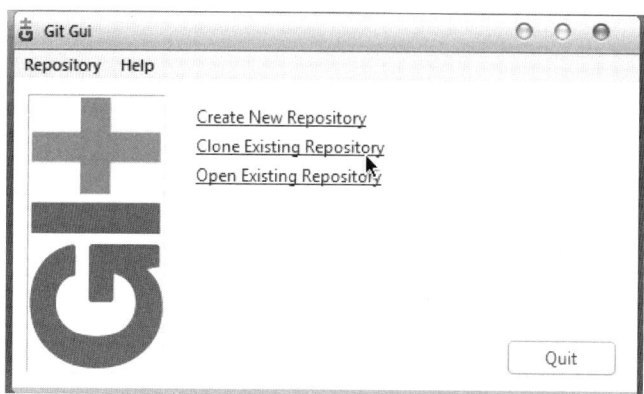

ii. Source Location과 Target Directory를 묻는데, 다음 표를 참조해 값을 입력한다.

| 필드명 | 값 |
|---|---|
| Source location | https://your\_name@bitbucket.org/username/online\_workbench.git |
| Target Directory | /Path/where/you/want/to/have/the_cloned_repository_for_ease_of_work |

그림에서 보이는 Clone 버튼을 클릭한다.

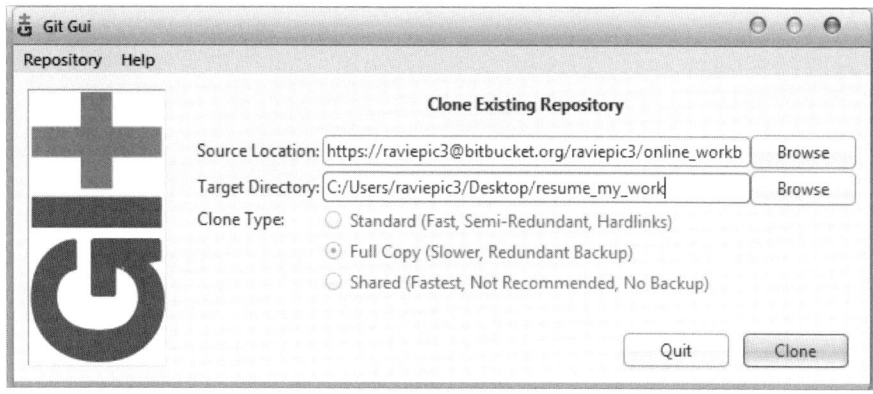

iii. 복제 절차가 진행되면 비트버킷 계정의 비밀번호를 묻는 창이 나타난다. 인증을 성공적으로 마치고 나서 저장소의 파일들이 복제되고 나면 작업을 재개할 수 있다.

2 파일들을 가지고 작업을 진행하며 변경 사항을 만든다.

3 파일들의 변경 사항을 스테이지 상태에 추가하고, 커밋, 패치<sup>fetch</sup>, 병합하고 밀어 넣는다.

i. 우리는 이미 저장소에 파일의 변경 사항들을 스테이지에 추가하고 그것들을 커밋하는 방법을 알고 있다. 패치부터 시작해보자. 패치 명령을 수행하려면 Report ▶ Fetch from ▶ Origin을 선택한다. 그러면 원격 패치 창이 나타나고 그림에서 보는 것처럼 비트버킷 계정의 비밀번호를 물을 것이다.

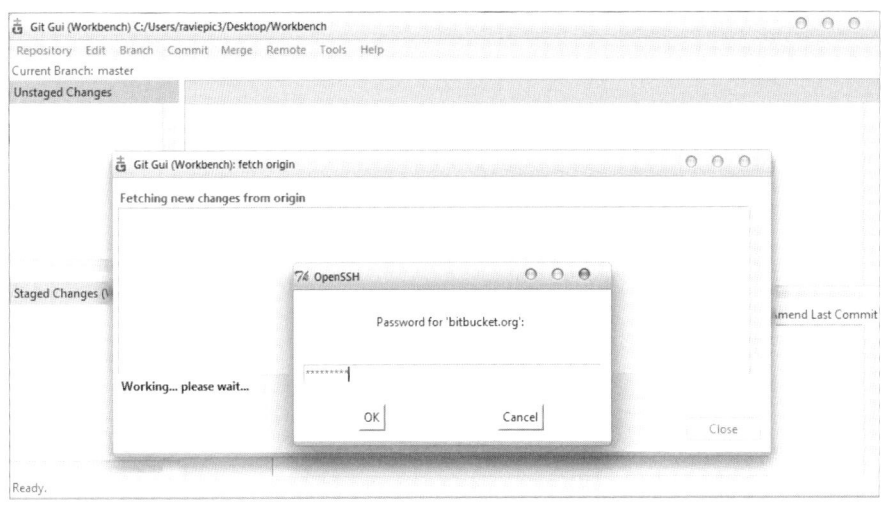

정확히 비밀번호를 입력해 인증이 성공하면 파일들이 갱신된다. 그러나 서버에 등록돼 있는 파일들과 다른 변경 사항들이 있다면 로컬의 파일들은 갱신되지 않는다.

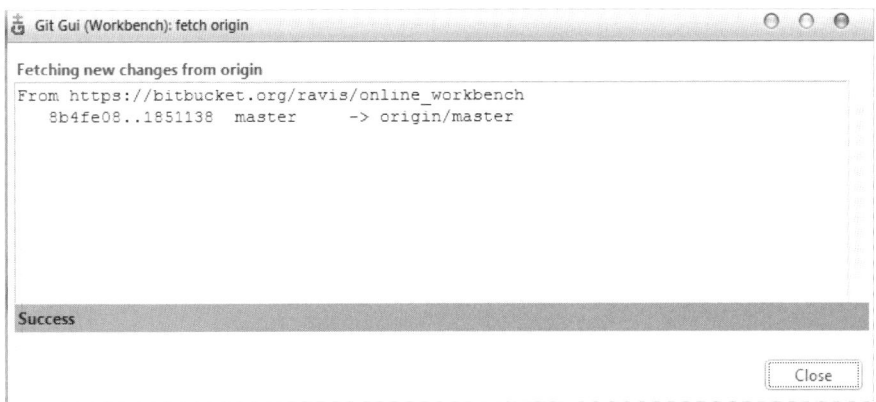

이 그림에서는 동기화 과정과 동기화 상태를 볼 수 있다. 창을 닫고 두 작업 공간을 병합한다.

ii. 상단 메뉴에서 Merge ▶ Local merge를 선택하고 두 작업 공간 로컬 master(변경 사항들이 있는 로컬 작업 공간)와 원격 master(현재 서버의 작업 공간)을 병합한다. 다음 그림에서 볼 수 있는 창이 나타날 것이다:

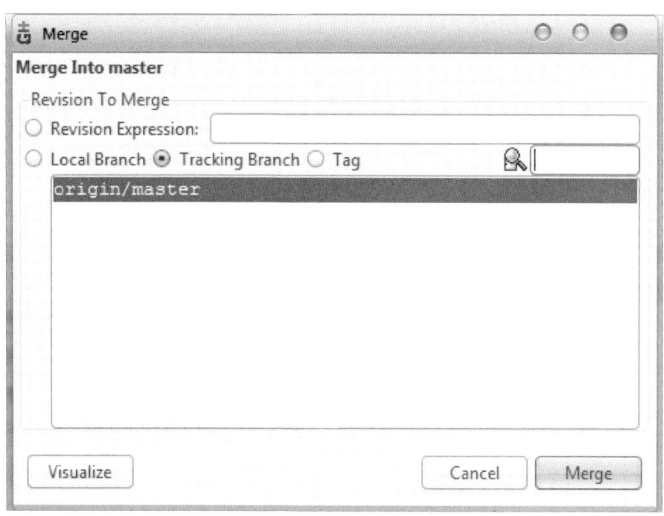

origin/master가 기본 선택돼 있는 것을 그대로 두고 Merge 버튼을 클릭한다.

iii. 충돌conflict이 없다면 다음 그림에서 보는 것처럼 성공 메시지를 확인할 수 있다.

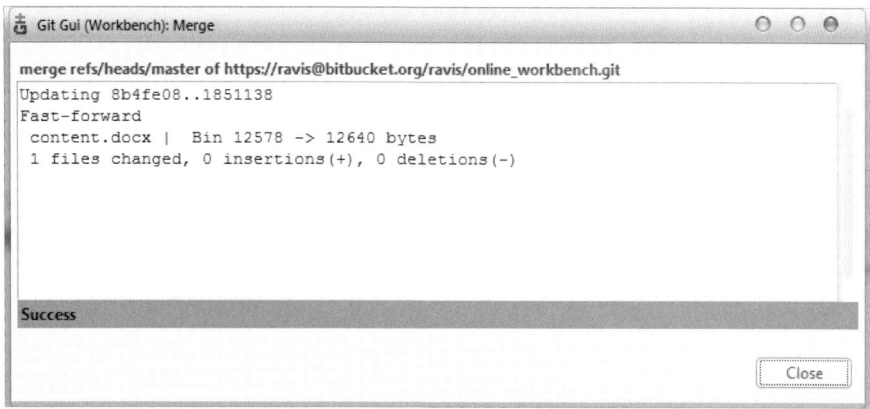

이 표시(Success)는 서버의 현재 콘텐츠와 동기화 작업이 성공했다는 뜻이다. Remote > Push 메뉴를 선택하면 `git push` 기능을 이용해 서버의 콘텐츠를 갱신할 수 있다.

### 보충 설명 |

Git GUI를 이용해 시나리오 1의 상황을 효과적으로 다루면서 최대한의 생산성을 얻을 수 있는 해결책을 연습했다.

### 시나리오 2: 해결책

시나리오 1을 다뤄봤으니 시나리오 2는 매우 손쉽게 다룰 수 있다. 시나리오 2는 관계된 많은 사람이 동일한 저장소에서 작업하는 상황을 추가했다.

### 비트버킷 저장소에 사용자들 초대

친구가 게임 파일에 접근할 수 있게 초대해 레벨을 끝마치려면 다음과 같이 간단한 두 단계를 따라하면 된다.

**1** 여러분의 저장소 홈페이지에서 다음 그림에서 볼 수 있는 것처럼 Share 아이콘을 클릭하거나 invite 버튼을 클릭한다.

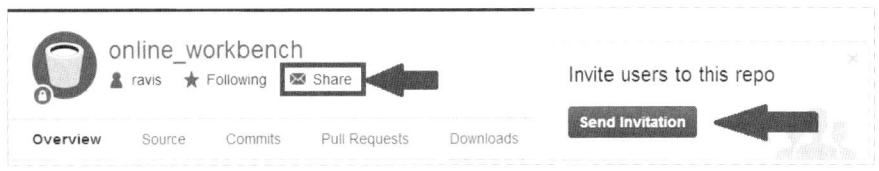

**2** 저장소로 초대하고 싶거나 공유하고 싶은 사용자에 대한 상세 정보를 입력한다. 이미 사용 중인 사용자라면 그들의 사용자명을 입력하고, 아직 가입하지 않은 사용자라면 그들의 이메일을 입력한 후 다음 그림을 따라 Add 버튼을 클릭한다.

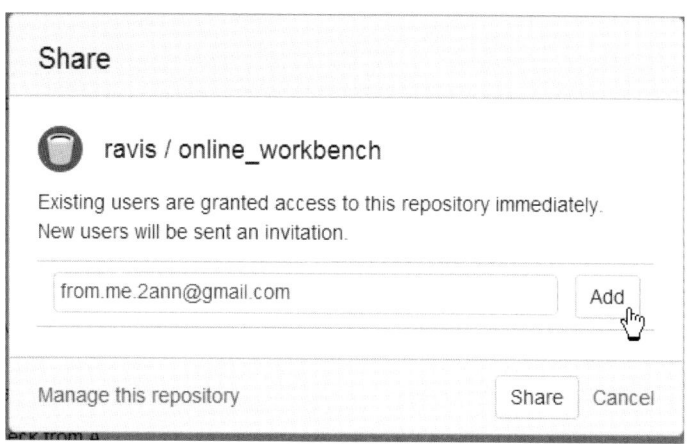

**3** 목록에 사용자명이나 이메일을 추가하면 추가된 사용자의 접근 수준을 정의할 수 있다. Write 버튼을 클릭하고 나서 그림에서 보이는 Share 버튼을 클릭하면 된다.

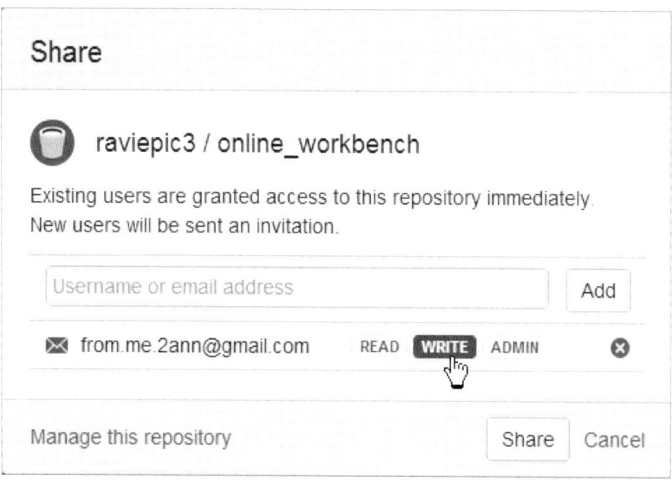

**4** 다 됐다. 다음 그림에서 보는 것처럼 페이지 상단에 공유에 대한 승인 성공 메시지를 볼 수 있을 것이다.

여러분이 추가한 사용자는 다음 그림에서 보는 것처럼 여러분이 저장소를 그들과 공유하고 싶다는 내용의 이메일을 받게 될 것이다.

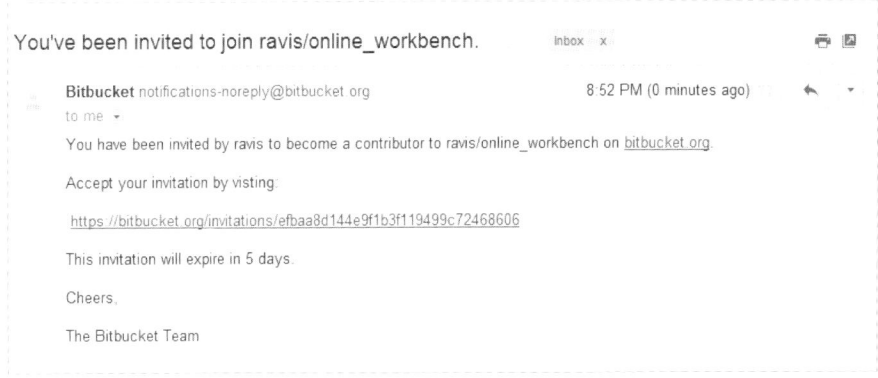

5 이메일에 있는 링크를 클릭하면 다음과 같은 두 가지 옵션이 주어진다.

- **Sign up** 여러분의 친구가 비트버킷의 신규 사용자라면 앞서 설명했던 등록 절차를 거쳐야 한다. 등록이 완료되면 여러분의 대시보드로 유도될 것이다.

- **Log in with your existing username** 여러분의 친구가 이미 비트버킷에 계정을 갖고 있다면 인증 절차를 거쳐 로그인을 한 후에 다음 그림에서 보는 것처럼 공유된 저장소에 대한 접근 승인을 요청한다.

Accept invitation 버튼을 클릭하면 사용자는 그들의 대시보드로 이동할 것이다. 그리고 대시보드에서는 그림에서 보는 것처럼 알림 메시지가 노출되고, 등록된 이메일로 접근을 허용한 저장소에 대한 상세 정보가 발송된다.

> You now have write access to online_workbench.

그리고 그들이 접근할 수 있는 저장소에 대한 상세 정보를 사용자 이메일로 발송한다.

### 보충 설명

드디어! 성공적으로 시나리오 2의 사례를 효과적으로 제어할 수 있는 해결 과정을 연습했다.

이것은 큰 작업을 더욱 작게 분할하고, 이 분할된 작업들과 관련된 파일들을 공유해 협업하는 사람들이 공통의 결과물을 각자 채워갈 수 있다.

### 로컬에 머무르기: 인트라넷으로 공유

건물의 서로 다른 층처럼 로컬 네트워크 내에서 작업해야하거나 지출되는 비용이 증가하거나 파일들을 밀어 넣거나 가져오는 대역폭의 소비, 보안, 기타 등등의 여러 가지 이유로 웹에 파일을 업로드하고 싶지 않은 상황이다.

이런 경우에 고려해볼 수 있는 방법은 여러 가지가 있는데, 그 중 대표적인 방법들은 다음과 같다.

- Gitolite 서버를 이용하는 방법
- 노출된 저장소<sup>Bare repository</sup>의 디렉토리를 공유하는 방법

### 노출된 저장소에 대한 개념

다른 사람과 파일을 공유할 수 있는 노출된 저장소에 대해 언급하자마자 다음과 같은 몇 가지의 기본적인 질문들이 마음속에 떠올랐을 것이다.

- 노출된 저장소(베어 저장소)는 무엇인가?
- 왜 우리는 다른 사람들과 저장소의 파일들을 공유하는 작업을 해야 하는가?

하나하나 살펴보자.

- **노출된 저장소** 노출된 저장소는 작업을 하는 디렉토리가 아니다.
- **작업 디렉토리** 소스 파일들, 예를 들어 Workbench 디렉토리에 있는 content.docx가 있는 디렉토리를 말한다.
- **왜 노출된 저장소인가** 동시간대에 동일한 파일에 대해 여러 사람이 작업을 해야 하는 상황을 상상해보자. 지금 여러분이 저장소에서 파일을 가져와 변경하고 있을 때 다른 누군가가 동일한 파일을 변경하고 먼저 저장소에 밀어 넣었다. 혹은 여러분이 변경하기 위해 연 파일이 누군가에 의해 콘텐츠가 변경되거나 파일 자체가 사라져 버렸다.

  이런 혼란스런 상황을 이겨내고 나면 앞으로 나아가는 데 좋은 밑거름이 된다. 그래서 깃을 만든 사람들은 '노출된 저장소' 개념을 만들어 이런 상황을 피할 수 있는 해결책을 제시한다. 이 노출된 저장소는 모든 복제된 저장소와 여러분의 소스 저장소 사이의 중간책 역할을 하면서 작업 디렉토리를 유지한다.

따라서 소스가 작업 디렉토리에 포함돼 있다면 복제했던 것들을 원본에 간단히 밀어 넣을 수는 없다. 중간의 노출된 저장소를 거쳐서 밀어 넣어야 한다.

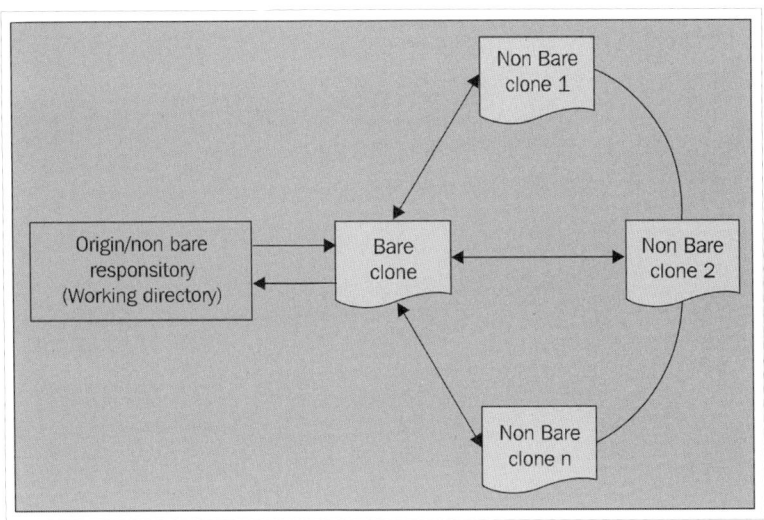

이제 노출된 저장소를 만들고 중요 지점들을 빠르게 짚으며 이해해보자.

### 실습 예제 | CLI 모드에서 노출된 저장소 생성

--bare 파라미터를 사용한다는 것을 제외하면 노출된 저장소를 생성하는 것은 저장소를 복제하는 것과 크게 다르지 않다.

```
git clone --bare C:\Users\raviepic3\Desktop\Workbench
C:\generic_share\Bare_Workbench
```

콘솔에서 위 코드를 실행하면 generic_share 공유 폴더에 Workbench를 복제한 노출된 저장소 Bare_workbench가 만들어진다.

### 실습 예제 | GUI 모드에서 노출된 저장소 생성

GUI를 이용해서 기존 저장소로부터 노출된 저장소를 복제하는 것은 손쉽다. 다음과 같이 하면 된다.

1. 저장소에서 .git 디렉토리를 복사해 저장소 외부에 different_name.git 이름으로 붙여 넣는다(이름은 여러분이 새로운 노출된 저장소에 주고 싶은 대로 지정한다).

    노출되지 않은 저장소의 경우 Workbench라는 C:\Users\raviepic3\Desktop\에 content.docx가 있고 GUI 모드를 통해 새로운 노출된 저장소를 만들고 싶다면 C:\Users\raviepic3\Desktop\Workbench\.git을 복제해 C:\generic_share\Bare_Workbench.git으로 붙여 넣는다.

2. Bare_Workbench.git 안에 있는 config 파일을 텍스트 편집기로 열고 `bare = false` 라인을 찾아 `false`를 `true`로 변경한다.

3. 저장하고 빠져 나온다.

### 보충 설명

CLI나 GUI를 통해 Workbench 저장소를 복제해 generic_share 폴더 내에 노출된 저장소 Bare_workbench를 생성하면 다음 화면처럼 된다.

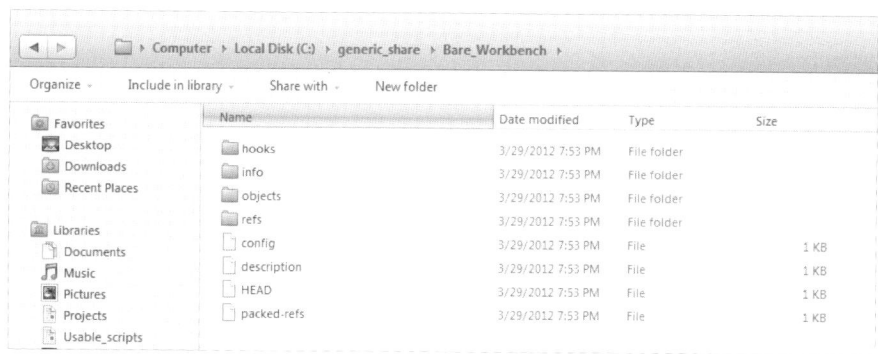

좀 더 이해를 돕기 위해 다음 그림에서 보는 것처럼 두 저장소 사이의 내용을 비교해보자.

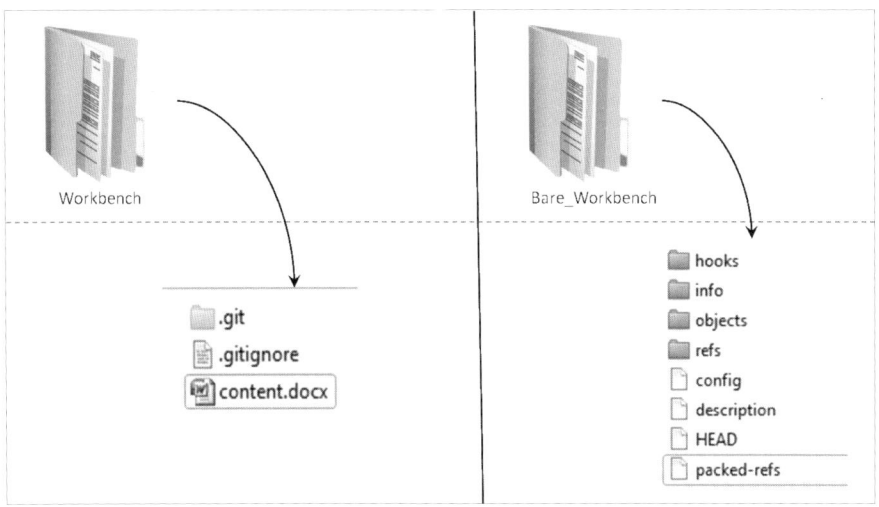

로컬 네트워크에 있다면 generic_share 공유 폴더에 대한 접근 권한을 제어해 저장소에 대한 접근을 제어할 수 있다. 같은 방법으로 여러분은 네트워크를 통해 공유된 폴더들을 제어할 수 있다.

## 정리

배운 내용을 정리해보면 다음과 같다.

- 저장소 복제하기
    - 노출되고 노출되지 않은 저장소 사이의 사용법과 실행 방법을 구분해봤다.
- 원격 저장소를 추가하기
- 추가된 원격 저장소나 복제된 저장소에 콘텐츠들을 패치, 병합, 푸시
    - 풀 명령과 그 대체(패치, 병합)

추가적으로 다음과 같은 작업을 어떻게 하는지 배웠다.

- 다음 두 가지 도구를 이용해 저장소들을 공유
    - Git CLI
    - Git GUI
- 4장에서 학습을 시작하면서 생산성을 높이는 방법을 배웠다. 무제한의 공개 저장소나 비공개 저장소를 생성하고 관리할 수 있으며, 그것을 별도의 지출 없이 최대 5명의 사용자들과 공유할 수 있는 비트버킷의 계정을 갖게 됐다.

# 5
# 깃의 고급 기능

완벽한 기반을 마련하기 위해 배우고, 연습하고, 지금까지 다룬 개념의 유효성을 검증해 왔는데, 이제 몇 가지 멋진 기능을 배울 준비가 됐다.

5장에서는 저장소의 콘텐츠와 연관된 다음과 같은 작업을 수행하는 데 도움이 되는 개념을 배운다.

- 짧은 로그<sup>Shortlog</sup>
- 로그 검색<sup>Log search</sup>
- 청소<sup>Clean</sup>
- 태그<sup>Tag</sup>

## 고급 기능을 배워야 하는 이유

기본 무기를 갖고 있는데도 콘트라<sup>Contra</sup>에서 'S' 파워나 카운터 스트라이크<sup>Counter-Strike</sup>에서 M4 소총을 필요로 하는 이유는 뭘까?

주어진 기본 도구만으로도 게임 속의 상대를 제거하는 궁극적인 목표를 달성할 수 있겠지만, 특별한 도구를 사용하면 손쉽게 목표를 달성할 수 있기 때문이다.

앞으로 배울 예정인 기능들은 수행해야 할 역할을 바탕으로 다양한 상황에 따라 그에 적합한 결정을 내리는 데 필요한 데이터들을 제공함으로써 깃을 이용해 손쉽게 제어할 수 있게 한다. 언제고 필요한 상황이 됐을 때 주머니에서 꺼내 대처할 수 있다면, 당신을 업무에 준비돼 있는 사람으로 만들어 줄 것이다.

## 준비물

이 개념들을 배우려면 상당히 많은 커밋과 여러 사람이 내용을 수정한 저장소가 필요하다. 또는 깃허브$^{GitHub}$나 비트버킷 같은 유명한 깃 호스팅을 이용해 저장소를 다운로드해야 한다. 이제, 우리 목적에 적합한 'cappuccino'라는 저장소를 다운로드한 후 목적에 맞게 조작해보자.

> **예제 코드 다운로드**
> 
> http://www.PacktPub.com 사이트를 통해 구매한 모든 Packt 서적의 예제 코드를 다운로드할 수 있다. 이 책을 다른 곳에서 구매했다면 http://www.PacktPub.com/support 를 방문해 이메일을 등록하면 다운로드 가능한 링크를 통해 다운로드할 수 있다. 에이콘 출판사의 도서정보 페이지 http://acornpub.co.kr/book/git에서도 다운로드할 수 있다.

여러분은 또한 학습을 진행하기 이전에 지정된 깃 호스팅 사이트에서 직접 다운로드할 수 있다.

## Shortlog

정보는 재산이지만, 때때로 과도한 정보는 제공되는 목적을 잃게 하곤 한다. 스프레드시트 애플리케이션의 필터 옵션$^{filter\ option}$이 제공하는 가치에 대해 생각해보자. 짧은 로그$^{Shortlog}$는 저장소의 데이터를 구축하는 데 참여한 모든 사용자가 만들어낸 커밋의 숫자를 알파벳 순서로 정렬해 커밋에 대한 설명을 보여준다.

## 실습 예제 | 짧은 로그에 대한 지식 얻기

cappuccino 저장소에서 CLI 창을 띄우고 다음 명령을 실행해보자.

git shortlog

그 결과는 다음 그림과 같다.

```
raviepic3@ARTIC-WARFARE ~/Desktop/cappuccino (master)
$ git shortlog
Francisco Ryan Tolmasky I (16):
      Initial commit.
      Made objj point to Frameworks in lib.
      Reorganized the Tools product and got rid of Jars.
      Added modes to build product and READMEs.
      Revised REAME for starter package.
      Fix for http://cappuccino.lighthouseapp.com/projects/16499/tickets/3-typo-
      Fix for http://cappuccino.lighthouseapp.com/projects/16499/tickets/15-inco
      Fix for http://cappuccino.lighthouseapp.com/projects/16499/tickets/2-creat
      Fix for http://cappuccino.lighthouseapp.com/projects/16499/tickets/21-resi
      Removed CPHUDSlider class.  It is legacy code.
      Fix for http://cappuccino.lighthouseapp.com/projects/16499-cappuccino/tick
      Merge branch 'master' of git@github.com:280north/cappuccino
      Added CPSecureTextField import to AppKit.j.
      Fix for http://cappuccino.lighthouseapp.com/projects/16499/tickets/30-make
      Merge branch 'master' of git@github.com:280north/cappuccino
      Spruced up ant tools.

Ross Boucher (2):
      Stop catching all command keys, instead set up a blacklist of keys to stop
      Add a missing line in CPWindow.j.

Tom Robinson (4):
      Preliminary Windows built tool support (objj, objjc, steam and parts of th
      Set permissions while installing. Added tar.gz for Tools and Starter.
      Fixed two incorrect and missing methods in CGContextCanvas
      Removing incorrect symlink

tlrobinson (2):
      Removed accidentally committed Google Analytics code.
      Actually center the loading icon. Suggested by Keri Henare.

raviepic3@ARTIC-WARFARE ~/Desktop/cappuccino (master)
$
```

## 보충 설명 |

커밋에 대한 책임을 갖고 있는 작성자를 기준으로 분류된 형태로 24개의 커밋에 대한 의견을 확인할 수 있다. 작성자들이 알파벳 순서로 정렬돼 있는 것을 한눈에 볼 수 있다. 이해가 됐는가?

이게 다는 아니다. 짧은 로그는 로그에서 특정 집합을 추출하는 검색 순서를 바꾸거나 검색 범위를 좁히는 데 사용할 수 있는 몇 가지의 파라미터가 정의돼 있다.

### 실습 예제 | 짧은 로그의 파라미터

앞서 실행했던 명령에 -n 파라미터를 추가해보자.

```
git shortlog -n
```

다음 그림과 같은 결과물을 확인할 수 있을 것이다.

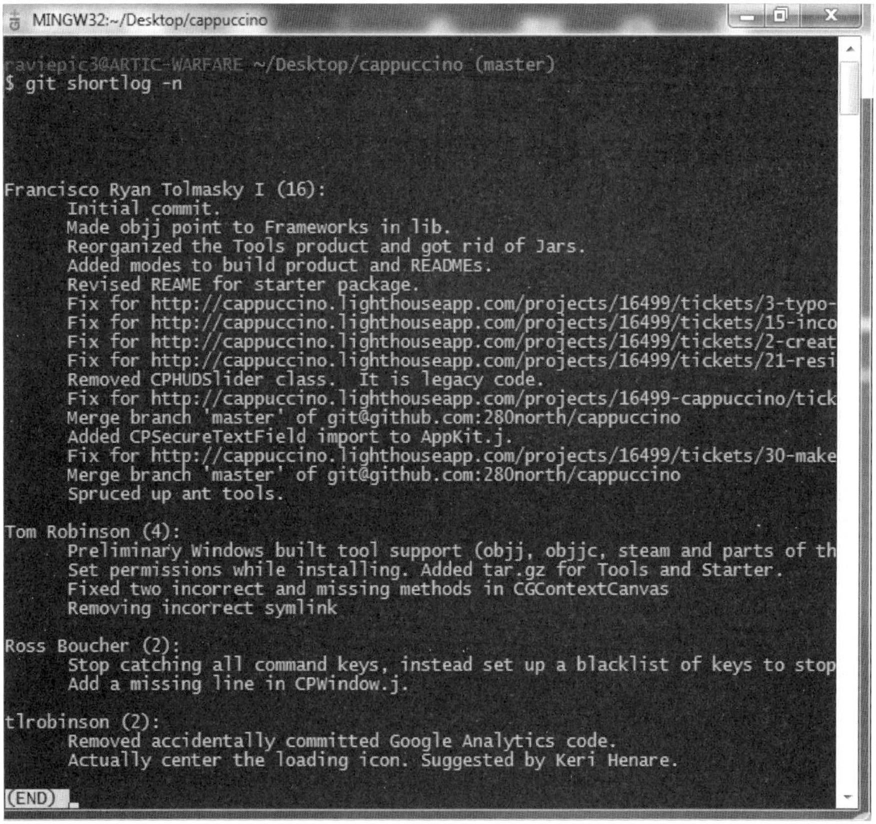

> 보충 설명

-n<sup>numbered</sup> 파라미터가 추가되면 알파벳 순서 대신 커밋 횟수에 중점을 둔 결과를 얻을 수 있다.

이제 사용할 수 있는 파라미터들을 입력하고 실행해보자. 작성자의 이메일 메타데이터가 추가된 결과물을 살펴보려면 -e 파라미터를 사용하면 된다.

```
git shortlog -e
```

실행해서 얻은 결과는 다음 그림과 같다.

```
raviepic3@ARTIC-WARFARE ~/Desktop/cappuccino (master)
$ git shortlog -e
Francisco Ryan Tolmasky I <francisco@280north.com> (16):
      Initial commit.
      Made objj point to Frameworks in lib.
      Reorganized the Tools product and got rid of Jars.
      Added modes to build product and READMEs.
      Revised REAME for starter package.
      Fix for http://cappuccino.lighthouseapp.com/projects/16499/tickets/3-typo-
      Fix for http://cappuccino.lighthouseapp.com/projects/16499/tickets/15-inco
      Fix for http://cappuccino.lighthouseapp.com/projects/16499/tickets/2-creat
      Fix for http://cappuccino.lighthouseapp.com/projects/16499/tickets/21-resi
      Removed CPHUDSlider class.  It is legacy code.
      Fix for http://cappuccino.lighthouseapp.com/projects/16499-cappuccino/tick
      Merge branch 'master' of git@github.com:280north/cappuccino
      Added CPSecureTextField import to AppKit.j.
      Fix for http://cappuccino.lighthouseapp.com/projects/16499/tickets/30-make
      Merge branch 'master' of git@github.com:280north/cappuccino
      Spruced up ant tools.

Ross Boucher <ross@280north.com> (2):
      Stop catching all command keys, instead set up a blacklist of keys to stop
      Add a missing line in CPWindow.j.

Tom Robinson <tom@280north.com> (3):
      Set permissions while installing. Added tar.gz for Tools and Starter.
      Fixed two incorrect and missing methods in CGContextCanvas
      Removing incorrect symlink

Tom Robinson <yachttom@gmail.com> (1):
      Preliminary Windows built tool support (objj, objjc, steam and parts of th

tlrobinson <yachttom@gmail.com> (2):
      Removed accidentally committed Google Analytics code.
      Actually center the loading icon. Suggested by Keri Henare.

raviepic3@ARTIC-WARFARE ~/Desktop/cappuccino (master)
$
```

저장소의 다른 사용자들로부터 스테이지/커밋 숫자들만 살펴보고 싶으면 어떻게 해야 할까? -s 파라미터를 이용하면 사용자별 커밋 이력의 수를 확인할 수 있다.

```
git shortlog -s
```

```
raviepic3@ARTIC-WARFARE ~/Desktop/cappuccino (master)
$ git shortlog -s
    16  Francisco Ryan Tolmasky I
     2  Ross Boucher
     4  Tom Robinson
     2  tlrobinson
raviepic3@ARTIC-WARFARE ~/Desktop/cappuccino (master)
$
```

짧은 로그와 관련된 파라미터별 기능을 표로 정리해보면 다음과 같다.

| 파라미터 | | 동작 설명 |
| --- | --- | --- |
| 짧은 형태 | 긴 형태 | |
| -n | --numbered | 알파벳 순서 대신 작성자의 커밋 횟수를 기준으로 정렬한다. |
| -s | --summary | 각 사용자별 커밋 횟수를 제공한다. |
| -e | --email | 저장소 커밋들에 포함된 사용자들의 이메일 주소를 제공한다. |
| -h | --help | 간략한 사용 방법을 보여준다. |

### 로그 검색: git log

짧은 로그와 더불어 필요한 데이터 추출을 지원하는 몇 가지 무기들을 무기고에 추가해보자. 커밋 ID와 그에 관련된 메타 정보들을 볼 수 있는 명령인 깃 로그에 관해서는 앞서 언급했다. 그러나 이번에는 로깅 명령이 얼마나 유연한지 살펴보자.

## 실습 예제 | 커밋 로그 건너뛰기

cappuccino 저장소에서 열었던 CLI 창에서 실행해보자.

git log --skip=2

실행 결과는 다음과 같다.

보충 설명 |

실행 결과를 보면 git log를 처음 실행했을 때와 유사하다. 두 가지를 비교해보면 목록에서 최근 커밋 두 개를 건너뛴 것을 확인할 수 있다.

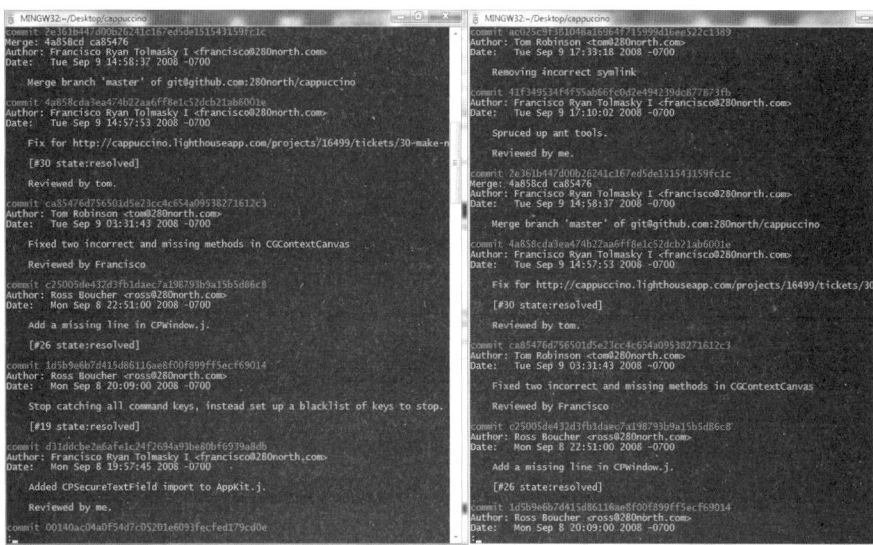

--skip=number가 이렇게 만든다. number 파라미터는 지정된 숫자만큼 커밋의 숫자를 건너뛸 수 있다.

### 실습 예제 | 날짜 범위를 지정해 로그 필터

git log를 실행한 후에 두 개의 날짜를 선택한 후 다음 명령을 통해 필터를 사용할 수 있다.

git log --since=2008-09-08 --until=2008-09-09

실행 결과는 다음과 같다.

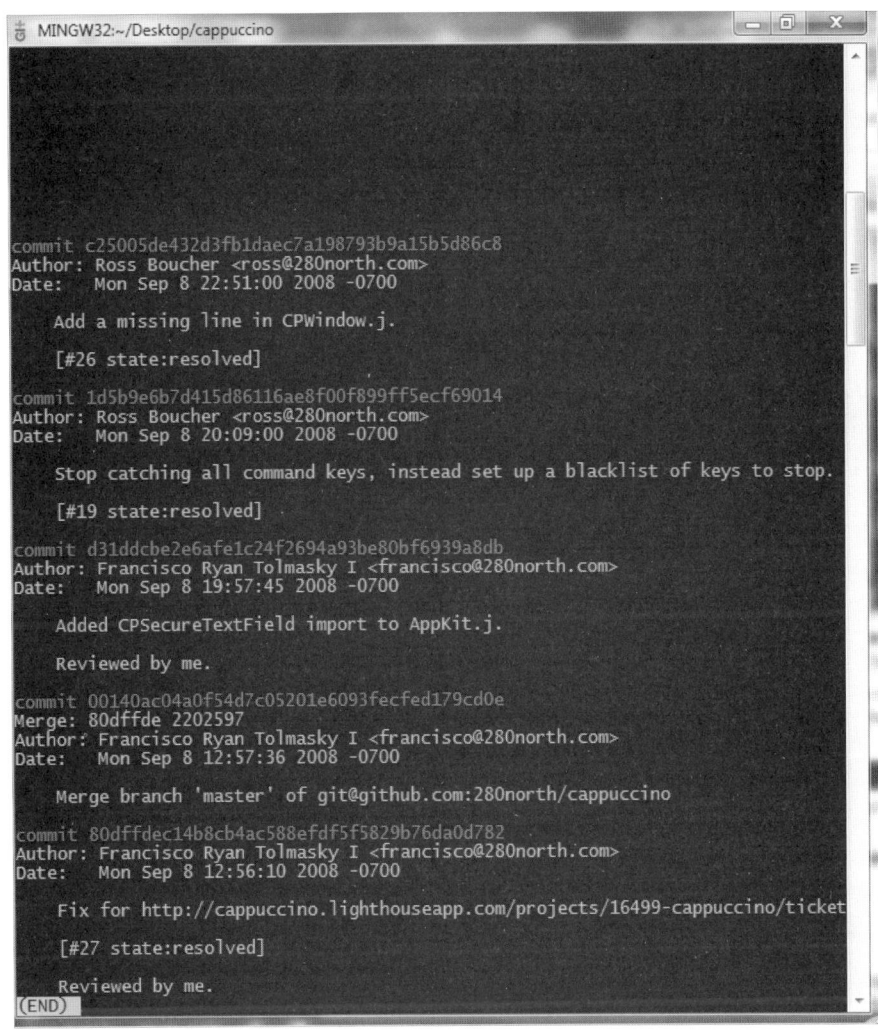

### 보충 설명

--since=date 연산자를 사용하면 정의된 날짜부터 시작해서 --until 파라미터로 지정한 날짜 전까지 제한된 로그들을 필터링한다.

--since=2.days나 --since=3.months처럼 현시점으로부터 지정한 시점까지 필터링된 결과물을 확인할 수 있다.

커밋 설명 중에서 단어를 기반으로 검색을 수행할 수 있다면 놀랍지 않은가? 그렇다. git log의 파라미터로 --grep를 사용하면 할 수 있다.

## 실습 예제 | 단어나 철자 검색

CLI 창에서 다음 명령을 입력한다.

git log --grep="Merge"

실행 결과는 다음과 같다.

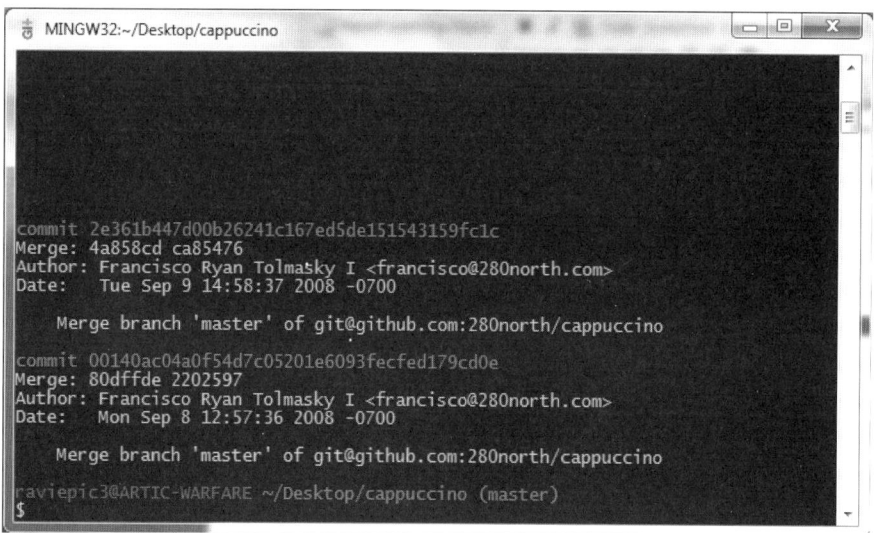

> 보충 설명

git log에 grep 파라미터에 'Merge'라는 단어를 주고 검색을 해 얻은 다른 커밋 결과가 달라지는 것을 확인했다.

 철자에 대한 대소문자 구분 없이 사용하고 싶은 경우에는 앞에서 실행했던 명령의 마지막에 -i 옵션을 추가하면 된다.

지금까지 사용했던 파라미터를 표로 정리하면 다음과 같다.

| 파라미터 | 동작 설명 |
| --- | --- |
| --skip=number | 로그 출력 결과에서 지정된 숫자만큼 커밋을 건너뛰고 출력한다. |
| --since,after=⟨date⟩ | 주어진 날짜부터 만들어진 커밋을 보여준다. |
| --until,before=⟨date⟩ | 주어진 날짜 이전까지 만들어진 커밋을 보여준다. |
| --grep=⟨pattern⟩ | 커밋 메시지 중에서 주어진 패턴에 부합하는 커밋 메시지가 있는 커밋들만 보여준다. |

## 청소(Clean)

파일들을 조작하다가 당장 Ctrl + Z가 필요한 큰 실수를 하는 등의 여러 가지 상황이 있다. 하나의 예를 들어보면 ZIP 압축 파일을 이미 일부 파일이 존재하는 디렉토리 안에서 압축 해제를 한창 진행하고 있는 중에 ZIP 패키지가 별도의 디렉토리를 생성하면서 압축 해제되지 않고 디렉토리 안에 파일들을 풀어놓은 것을 발견했다. 이런 상황을 상상하며 고개를 끄덕이면서 미소를 지을 것이다.

깃이 주시하고 있는 (깃 저장소) 디렉토리에서 ZIP 압축 파일을 압축 해제했다면 손쉽게 처리할 수 있다. 이제 이 시나리오를 재현해서 재빠르게 처리할 수 있는 방법을 살펴보자.

## 실습 예제 | 엉망진창으로 흩트리기

다음 단계별로 따라 해보자.

**1** http://www.packtpub.com/support에서 readme_package.zip을 다운로드한 후 `cappuccino` 저장소에 위치시킨 후에 다음 명령들을 배워보자.

**2** cappuccino 디렉토리에서 ZIP 압축 파일을 압축 해제하면 다음 그림에서 보는 것처럼 7개의 README 파일을 볼 수 있다.

| Name | Date modified | Type | Size |
|---|---|---|---|
| .git | 6/18/2012 11:33 AM | File folder | |
| AppKit | 6/4/2012 1:13 PM | File folder | |
| Foundation | 6/4/2012 1:13 PM | File folder | |
| Objective-J | 6/4/2012 1:13 PM | File folder | |
| Tools | 6/4/2012 1:13 PM | File folder | |
| build.xml | 6/4/2012 1:13 PM | XML Document | 2 KB |
| common.xml | 6/4/2012 1:13 PM | XML Document | 5 KB |
| LICENSE | 5/23/2012 4:48 PM | File | 27 KB |
| README | 6/4/2012 1:13 PM | File | 4 KB |
| README (1).txt | 6/18/2012 11:46 AM | Text Document | 1 KB |
| README (2).txt | 6/18/2012 11:46 AM | Text Document | 1 KB |
| README (3).txt | 6/18/2012 11:46 AM | Text Document | 1 KB |
| README (4).txt | 6/18/2012 11:46 AM | Text Document | 1 KB |
| README (5).txt | 6/18/2012 11:46 AM | Text Document | 1 KB |
| README (6).txt | 6/18/2012 11:46 AM | Text Document | 1 KB |
| README.txt | 6/18/2012 11:46 AM | Text Document | 1 KB |
| readme_package.zip | 6/18/2012 11:47 AM | ZipGenius Zip File | 2 KB |

**3** CLI 창을 열고 다음 명령을 입력한다.

```
git status
```

다음 그림과 같은 현재 상태를 확인할 수 있다.

```
raviepic3@ARTIC-WARFARE ~/Desktop/cappuccino (master)
$ git status
# On branch master
# Your branch is behind 'origin/master' by 5420 commits, and can be fast-forward
ed.
#
# Untracked files:
#   (use "git add <file>..." to include in what will be committed)
#
#       README (1).txt
#       README (2).txt
#       README (3).txt
#       README (4).txt
#       README (5).txt
#       README (6).txt
#       README.txt
#       readme_package.zip
nothing added to commit but untracked files present (use "git add" to track)
```

### 보충 설명

앞에서 설명했던 압축 해제로 인해 발생한 사고에 관한 시나리오를 성공적으로 준비했다.

그러나 압축 해제된 파일들은 깃이 추적하고 있지 않은 파일들이었다. 이것은 기존 파일 사이에 압축 해제한 파일이 몇 개 섞여들더라도 깃을 이용해 섞여든 파일들을 식별할 수 있다는 의미다.

이제 구체적인 패턴에 의해 부합하는 전체 파일이나 일부 파일을 선택해서 clean 명령을 이용해서 삭제할 수 있다. 이에 대해서는 다음 '실습 예제'를 통해 확인해보자.

### 실습 예제 | 패턴에 부합하는 혼란한 상태를 말끔히 청소

README 파일들을 삭제하는 것을 건너뛰고 저장소 안에 복사하고 붙여 넣은 ZIP 압축 파일을 제거할 수 있다. 터미널에서 다음 명령을 입력해보자.

```
git clean -f -e*.txt
```

다음과 같은 실행 결과를 확인할 수 있다.

**옮긴이 참고**

처음 압축 파일을 풀어 실행하는 사람은 git reset --hard를 이용해서 스테이징돼 있는 파일들을 모두 복구시킨 후에 실행해보자.

```
raviepic3@ARTIC-WARFARE ~/Desktop/cappuccino (master)
$ git clean -f -e*.txt
Removing readme_package.zip
```

### 보충 설명

git clean은 깃이 주시하지 않는 파일들을 제거하기 위해서는 force(-f) 연산자를 필요로 하는 반면 -e 연산자는 정의된 기준에 부합하는 파일들을 제외exclude하게 한다.

압축 해제해 저장소에 생성된 모든 .txt 파일들은 *.txt 패턴에 부합해 삭제 대상에서 제외되고 readme_package.zip 파일을 삭제한 것이다.

git clean을 실행할 때마다 -f 파라미터를 정의하기 귀찮은 경우에는 clean.requireForce 설정을 false로 선언하면 된다(git config -global clean.requireForce false - 옮긴이).

### 실습 예제 | 에러 없이 혼란 상태를 완벽히 쓸어내기

네이팜탄을 떨어뜨려 싹 쓸어버리듯 저장소에 추가되기를 원하지 않는 파일들을 제거했다. 앞에서 살펴본 명령을 통해 특정 요소들을 배제할 수 있다.

git clean -f

수행 결과는 다음 그림과 같다.

```
aviepic3@ARTIC-WARFARE ~/Desktop/cappuccino (master)
$ git clean -f
Removing README (1).txt
Removing README (2).txt
Removing README (3).txt
Removing README (4).txt
Removing README (5).txt
Removing README (6).txt
Removing README.txt
```

### 보충 설명

clean 명령은 현재 저장소에서 추적하지 않는 파일 모두를 제거한다. -f 파라미터는 git clean 명령에 의해 저장소에서 파일들이 삭제될 때 확인 없이 강제적으로 제거한다.

git clean에서 사용되는 파라미터 목록을 정리하면 다음 표와 같다.

| 파라미터 | | 동작 설명 |
| --- | --- | --- |
| 짧은 형식 | 긴 형식 | |
| -f | --force | 추적되지 않은 파일들을 삭제한다. |
| -d | | 추적되지 않은 디렉토리를 파일들과 함께 삭제한다. |
| -n | --dry-run | 어떤 것도 삭제하지 않는다. 다만 삭제될 대상들을 보여준다. |
| -q | --quite | 실패할 경우에만 보고서를 보여주고, 파일 삭제에 성공할 경우에는 아무런 표시도 하지 않는다. |
| -e{patter} | --exclude={patter} | (디렉토리 내의) .gitignore에서 정의된 내용을 포함해서 패턴에 부합하는 파일들을 제외한다. |

## 태깅

태깅Tagging은 몇 가지 메타데이터를 사용해 이력의 특정 시점을 표시하고 추후에 태그를 통해 특정 시점을 참조하는 데 유용하다. 깃에서는 다음과 같은 두 가지 유형의 태그가 있다.

- **경량(Lightweight) 태그** 이 태그는 태그를 생성한 사람이 누구인지 태그가 언제 생성됐는지 상관없이 태그의 이름만 추적한다. 이 방법은 저장소에서 작업하는 사람이 당신뿐이거나 저장소에 있는 프로젝트 파일들에 대한 여러 단계를 참조하기 위해 간단하게 태그를 만들어냈을 경우에 유용하다.
- **주석(Annotated) 태그** 이 태그는 작성자의 이름, 태그가 생성된 시간, 태그의 이름과 설명을 사용해서 추적한다. 여러분이 달성된 마일스톤들로 대체하려고 조작하거나 동일한 저장소에서 여러 사람이 작업할 때 유용하게 사용할 수 있다.

주석 태그를 사용했을 때 프로젝트 소유자가 태그 프로세스에 의해 인증 접근을 유지하는 것이 가능해진다. 고급 설정에서는 누가 태그를 달았는지, 언제 했는지, 향후에 참조할 수 있게 그들의 권한 ID를 부여하고 제어할 수 있다.

설명은 이 정도면 충분하고, 이해를 위해 직접 해보자.

### 실습 예제 | 경량/비주석 태그

**1** 먼저 CLI 창에서 `git tag`를 실행해 cappuccino 저장소에 존재하는 태그 목록을 확인한다.

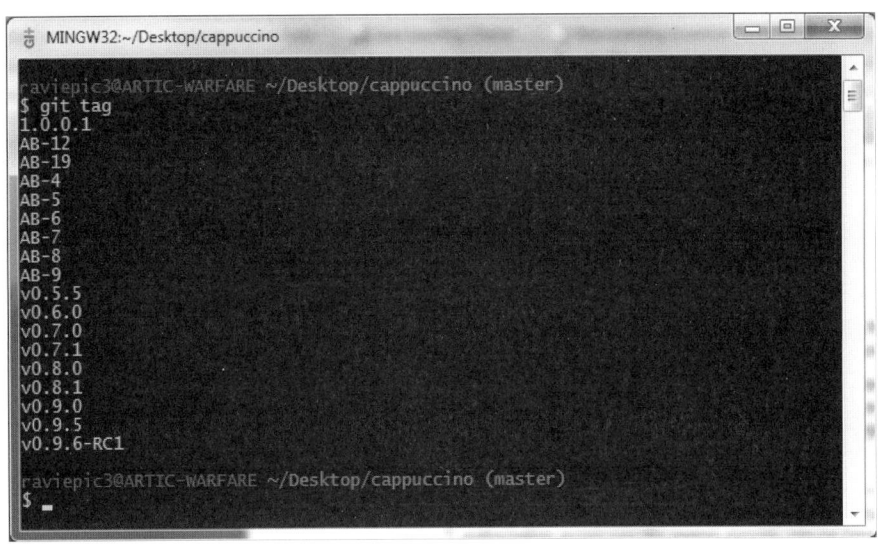

**2** 이제 cappuccino 저장소에서 다음 명령을 사용해 경량 태그를 생성한다.

```
git tag edge_v1.1
```

별다른 에러 메시지가 없다면 태그는 성공적으로 생성됐을 것이다. 앞 단계에서 배웠던 대로 태그 목록을 확인할 수 있다.

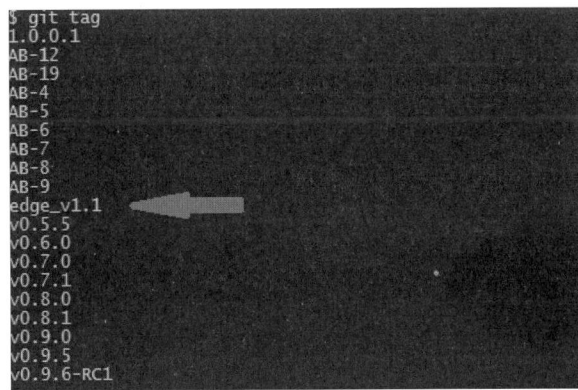

**3** 혹은 gitk를 통해 그래프로 확인할 수 있다. 다음 설명을 따라 해보자.

Git Gui의 저장소 메뉴에서 gitk를 실행하거나 CLI 창에서 gitk를 입력해서 실행할 수 있다.

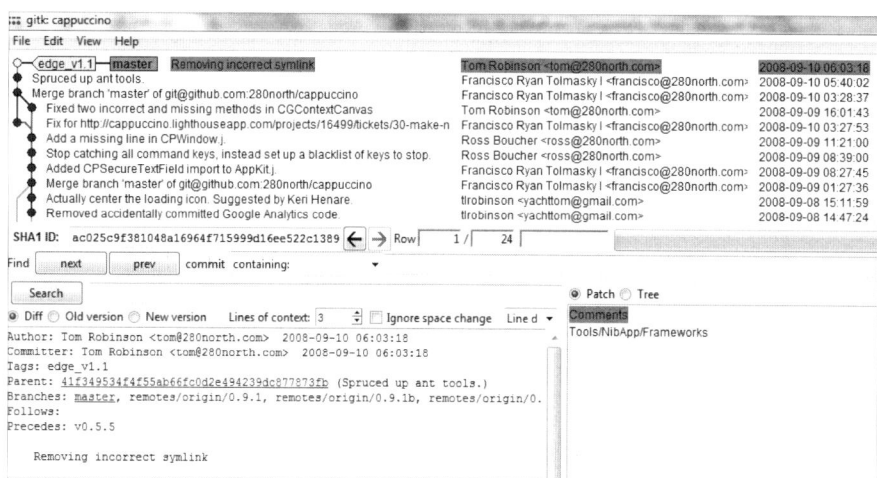

**4** 태그된 변경 파일들의 커밋 내용들을 살펴보고자 한다면 gitk 창의 좌측 하단을 보거나 다음과 같이 git show <태그 이름>을 입력한다.

   git show edge_v1.1

   실행 결과는 다음과 같다.

```
raviepic3@ARTIC-WARFARE ~/Desktop/cappuccino ((edge_v1.1))
$ git show edge_v1.1
commit ac025c9f381048a16964f715999d16ee522c1389
Author: Tom Robinson <tom@280north.com>
Date:   Tue Sep 9 17:33:18 2008 -0700

    Removing incorrect symlink

diff --git a/Tools/NibApp/Frameworks b/Tools/NibApp/Frameworks
deleted file mode 120000
index 50d7dd1..0000000
--- a/Tools/NibApp/Frameworks
+++ /dev/null
@@ -1 +0,0 @@
-/Users/tolmasky/Development/BuildRelease
\ No newline at end of file
raviepic3@ARTIC-WARFARE ~/Desktop/cappuccino ((edge_v1.1))
$
```

### 보충 설명

성공적으로 특정 커밋에 경량/비주석 태그를 생성하고 부착했다. 저장소에서 사용할 수 있는 모든 태그를 나열하고 필요한 경우, 특정 태그와 관련된 세부적인 수준의 변화를 살펴보는 방법들을 배웠다.

커밋 SHA1 ID 대신 태그명을 통해 커밋을 참조했다. 이것이 무엇을 의미하는지 살펴보자.

### 실습 예제 | 태그 참조

기능에 대해 살펴보면서 git checkout을 배웠다. 알다시피 이 과정은 방문하고자 하는 커밋의 SHA1 ID를 필요로 한다. 지금부터 태그를 다루는 과정에서 커밋의 SHA1 ID를 사용하는 방법을 살펴보자. CLI 창에 다음 명령들을 입력한다.

```
git checkout 2e361b44
git checkout edge_v1.1
```

실행 결과는 다음과 같다.

```
raviepic3@ARTIC-WARFARE ~/Desktop/cappuccino (master)
$ git checkout 2e361b44
Note: checking out '2e361b44'.

You are in 'detached HEAD' state. You can look around, make experimental
changes and commit them, and you can discard any commits you make in this
state without impacting any branches by performing another checkout.

If you want to create a new branch to retain commits you create, you may
do so (now or later) by using -b with the checkout command again. Example:

  git checkout -b new_branch_name

HEAD is now at 2e361b4... Merge branch 'master' of git@github.com:280north/cappu
ccino
raviepic3@ARTIC-WARFARE ~/Desktop/cappuccino ((2e361b4...))
$ git checkout edge_v1.1
Previous HEAD position was 2e361b4... Merge branch 'master' of git@github.com:28
0north/cappuccino
HEAD is now at ac025c9... Removing incorrect symlink
raviepic3@ARTIC-WARFARE ~/Desktop/cappuccino ((edge_v1.1))
$
```

### 보충 설명

통상적인 체크아웃은 이전 날짜에 만들어진 커밋을 체크아웃(git checkout SHA1 ID)하는 방법을 사용했지만, 최근의 커밋으로 돌아갈 때는 커밋(edge_v1.1)을 연상시키는 태그명을 사용했다.

### 실습 예제 | 주석 태그 사용

앞 절에서는 경량/비주석 태그를 사용하는 방법을 배웠고, 주석 태그를 만들려면 간단히 -a 파라미터만 추가하면 된다. CLI 창에서 다음 명령을 입력한다.

git tag -a ann_v1.1 -m 'Annotated tag v1.1'

### 보충 설명

명령을 실행했을 때 어떤 에러 메시지도 반환하지 않았다면 주석 태그 생성 명령이 성공적으로 생성됐다는 것을 의미한다. ann_v1.1이라고 불리는 주석 태그를 생성했다. 여기서 사용된 -a 파라미터 다음에 오는 항목은 주석 태그(Annotated tag)의 이름을 의미하고 -m 파라미터 다음에 오는 항목은 생성된 태그를 설명하는 문자열이다.

동일한 커밋에 대해 주석 태그와 비주석 태그 모두를 생성할 수 있는데, 이에 대해서는 나중에 다룬다.

### 간단한 실습

1. 생성 과정을 검증하려면 태그 목록을 보고 여러분이 생성한 태그가 존재하는지 검증한다.
2. 커밋에 추가한 주석 태그를 이용해 콘텐츠의 변경 사항들을 체크아웃한다.

경량 태그와 주석 태그 사이의 차이점을 이해하려면 다음 그림과 같은 출력 결과를 살펴보자.

경량 태그와 주석 태그의 생성 방법은 약간의 차이가 있지만, 삭제하는 방법은 동일하다. 다음 명령들에서 보듯 -d 파라미터와 태그명을 입력하면 된다.

```
git tag -d edge_v1.1
git tag -d Ann_v1.1
```

명령들을 실행하고 나면 다음 화면과 같은 결과를 얻게 된다.

```
raviepic3@ARTIC-WARFARE ~/Desktop/cappuccino ((ann_v1.1))
$ git tag -d edge_v1.1
Deleted tag 'edge_v1.1' (was ac025c9)

raviepic3@ARTIC-WARFARE ~/Desktop/cappuccino ((ann_v1.1))
$ git tag -d Ann_v1.1
Deleted tag 'Ann_v1.1' (was be6dd09)

raviepic3@ARTIC-WARFARE ~/Desktop/cappuccino ((ac025c9...))
$ git tag
1.0.0.1
AB-12
AB-19
AB-4
AB-5
AB-6
AB-7
AB-8
AB-9
v0.5.5
v0.6.0
v0.7.0
v0.7.1
v0.8.0
v0.8.1
v0.9.0
v0.9.5
v0.9.6-RC1

raviepic3@ARTIC-WARFARE ~/Desktop/cappuccino ((ac025c9...))
$
```

| 보충 설명 |

edge_v1.1과 Ann_v1.1 태그를 삭제했다. 또한 cappuccino 저장소 안에서 태그를 생성하는 방법을 배웠다.

-d 파라미터에 태그명을 인자로 제공하면 태그를 삭제할 수 있는데, 이는 주석 태그나 비주석 태그에 동일하게 적용된다. 삭제 실행 결과는 태그 목록을 통해 삭제 전의 목록과 비교해 확인한다.

## 정리

5장에서는 다음과 같은 기능들이 무엇이고 어떻게 동작하는지 배웠다.

- shortlog 사용
    - 작업자별로 만들어낸 커밋을 정렬하고 숫자를 확인

- 커밋 기록에 대한 요약
- 저장소에 커밋을 실행한 작업자들의 이메일 같은 메타데이터 확인
- git log와 함께 다양한 파라미터 사용
    - 보여주는 로그 목록 중에서 지정된 개수만큼의 커밋 건너뛰기
    - 지정된 날짜 범위 내의 커밋 로그 데이터 추출
    - 커밋 메시지 중 특정 문장을 포함한 커밋 검색

게다가 저장소에 대량으로 추가된 파일들 중에서 추가되길 원치 않는 파일들을 정리해 처리하는 방법도 배웠다.

또한 '주석 태그와 비주석 태그를 이용'해서 저장소에 마일스톤milestone을 표시하는 방법도 살펴보고 연습해봤다.

# 6

# 텍스트 기반 파일을 위한 깃

5장에서 게임의 싱글플레이 모드와 다중 플레이어 모드에 비유해 깃을 통해 콘텐츠를 관리하는 서로 다른 두 가지 방법을 살펴봤다.

잠시 기다리기 바란다. 6장에서는 오래 기다렸던 질문에 대한 답을 얻을 것이다. 실제 다중 플레이어 모드에서 여러 사람이 병렬로 플레이를 하면 어떨까? 달리 말해 수많은 사람이 동시간대에 같은 대상에 작업하는 것과 같다.

6장에서는 다음과 같은 두 가지 개념을 배운다.

- 병합Merging

- 충돌 해결, 콘텐츠에 따라 자신이나 팀이 바라는 방식으로 만들기

## 텍스트 기반 파일을 위한 깃: 소개

깃은 텍스트 파일들을 다루려고 할 때 많은 기능을 제공한다. 고수준에서 파일 유형의 차이를 이해하고, 그것을 사용하는 의미를 다음과 같은 스택을 보며 이해하자.

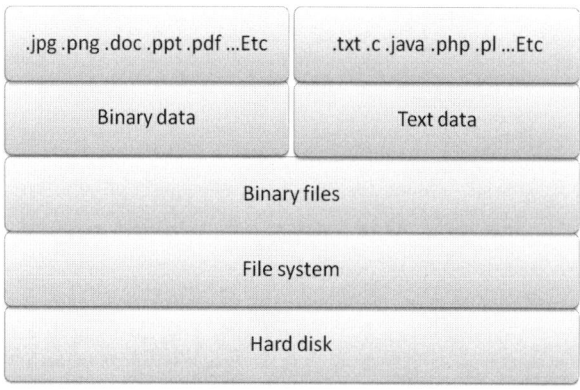

상위부터 하위까지 사용자가 파일들을 어떻게 인지하는지, 컴퓨터가 어떻게 인지하는지, 가장 바닥 계층에 있는 스토리지까지 계층적인 접근을 시작한다.

 **바이너리 데이터(Binary data)** 문서들을 편집하는 마이크로소프트 워드나 이미지들을 볼 수 있는 이미지 뷰어와 같은 지정된 프로그램을 통해서만 콘텐츠를 읽을 수 있는 파일들을 바이너리 데이터/값이라고 부른다.

**텍스트 데이터(Text Data)** 확인됐든지 순수하든지 상관없이 콘텐츠는 순수하게 텍스트로 구성돼 있고 메모장이나 워드패드 등 일반 텍스트 편집기를 이용해 열 수 있는 파일들을 텍스트 데이터라고 한다.

좀 더 명확한 예를 들기 위해 프로젝트 안에 있는 .git 디렉토리를 열어보면 다음 그림에서 보는 것과 같은 파일 구조를 볼 수 있다.

| Name | Date modified | Type | Size |
|---|---|---|---|
| hooks | 7/4/2012 11:10 AM | File folder | |
| info | 7/4/2012 11:10 AM | File folder | |
| logs | 7/4/2012 11:11 AM | File folder | |
| objects | 7/4/2012 11:11 AM | File folder | |
| refs | 7/4/2012 11:10 AM | File folder | |
| COMMIT_EDITMSG | 7/4/2012 11:11 AM | File | 1 KB |
| config | 7/4/2012 11:10 AM | File | 1 KB |
| description | 7/4/2012 11:10 AM | File | 1 KB |
| HEAD | 7/4/2012 11:10 AM | File | 1 KB |
| index | 7/4/2012 11:11 AM | File | 1 KB |

index 파일은 바이너리 파일이고, COMMIT_EDITMSG, config, description, HEAD는 텍스트 데이터 파일이다. 텍스트 에디터로 열어보면 정말 그런지 쉽게 확인할 수 있다.

 가급적이면 .git 내 파일들을 변경하지 말라. 그렇지 않으면 여러분의 저장소는 엉망이 되고 문제를 해결하기 위해 굳이 하지 않아도 될 연습들을 해야 한다.

또 다른 예를 들면 텍스트 에디터로 이미지 파일을 열면 이미지 파일의 바이너리 콘텐츠를 볼 수 있다.

바이너리 데이터와 텍스트 데이터에 대한 기본적인 차이를 알아봤다. 이제 분기 branching와 병합merging에 대해 알아보자.

## ● 다중 플레이어 모드: 동시에 여러 명의 플레이어

5장에서 배운 게임의 다중 플레이어 모드에 대한 비유를 들어 계속 진행해보자.

## 한 번에 한 명씩만 하는 다중 플레이어

다양한 레벨을 갖고 있는 여러분이 좋아하는 어드벤처 게임을 떠올려보자. 특정 레벨에 발이 묶여 도저히 앞으로 나아갈 수 없는 상황에 빠져들었다고 상상해보자. 여러 가지 시도를 해봤지만 절망감에 빠져 게임을 종료하려는 순간, 친구 녀석이 이 레벨의 전문가였다는 사실이 떠올라 친구에게 도움을 받아야겠다는 생각을 한다. 그래서 재빨리 게임의 최근 상태를 저장한 게임 파일을 그와 공유했고 친구는 그 레벨을 해결하고 그 상태를 저장해 당신에게 그 파일을 돌려줘서 게임을 계속 진행할 수 있었다.

이처럼 여러분이 데이터 파일을 다루는 작업을 할 때, 특히 팀에 소속돼 하나의 결과물을 만들어 내기 위해 커다란 목표의 각기 다른 과제들을 가지고 작업하는 상황을 예로 들 수 있다. 필요에 따라 과제들 중에서 그 과제에 대한 도메인 전문가가 처리해주기를 바라는 경우도 그렇다.

이것은 또한 동일한 문서에 대해 동일한 목적을 가진 여러 사람이 순서대로 파일에 대한 작업을 하고 다음 사람에게 넘기는 것처럼 부드럽게 진행될 수도 있겠지만, 여러 사람이 동일한 파일의 동일한 부분에 대한 작업을 마치면 파일들의 바이너리 데이터는 뒤죽박죽 엉망이 될 수도 있다.

## 다중 플레이어: 모든 손을 탁자 위에

나는 1인칭 슈팅 게임의 열렬한 팬이다. 그 중에서 손꼽으라면 단연 카운터 스트라이크를 들겠다. 카운터 스트라이크나 다른 팀 플레이를 하는 게임을 비유해본다. 각 팀원은 한 가지만 잘 다루는 스페셜리스트가 아니라 상황에 따라 두세 가지의 무기를 다루게 될 것이다. 그리고 필요에 따라 적군을 제거하거나 목표를 달성하기 위해 적절한 무기를 꺼내들 것이다.

이처럼 텍스트 파일을 다뤄야 할 때 여러분은 동일한 파일에 대해 많은 사람과 함께 작업할 경우 깃을 사용해 주제, 문구와 결과물에 대한 관리를 할 수 있다. 어떻게 하면 좀 더 유용하게 사용할 수 있는지 배워보자.

## 저장소 공유

다른 이들과 저장소를 공유하는 방법에는 다음과 같이 크게 두 가지 형태가 있다.

- 인트라넷
- 인터넷

인터넷을 이용할 경우에는 비트버킷을 사용하면 되고, 이번에는 인트라넷을 통해 노출된bare 저장소를 이용하는 경우를 예로 들어 설명한다. 노출된 저장소의 개념에 대해서는 4장에서 다뤘다.

 어떤 내용이었는지 기억나지 않는다면 4장의 '로컬에 머무르기: 인트라넷으로 공유' 절을 다시 읽고 노출된 저장소가 왜 필요한지, 어떻게 동작하는지를 이해할 수 있다.

### 실습 예제 | 공유 준비

상황을 깔끔하고 단순하게 유지하기 위해 우리는 최소한의 데이터를 가지고 새로운 인스턴스를 시작해야 변경 사항들이 분명해진다.

1. collab_source라는 디렉토리를 생성한다.
2. mycontent.txt라는 텍스트 파일을 디렉토리에 생성한다.
3. 앞서 생성한 텍스트 파일을 열고 다음과 같이 입력한다.

   ```
   Unchanged first line from source
   Second line
   Third line
   ```

4. 저장한 후에 파일을 닫는다.
5. collab_source 디렉토리를 깃 저장소로 만든다. mycontent.txt 파일을 추가하고 "Base commit from source."라는 커밋 메시지와 함께 커밋한다.

6  이제 이것을 다른 위치로 복사해 조작해보자. 여러분의 저장소를 공개된 위치에 노출된 저장소로 생성해 팀 구성원들이 그것을 복제해 사용할 수 있게 한다.

7  생성한 저장소를 노출된 저장소로 복제하려면 다음 명령을 사용한다.

```
git clone --bare /your/path/to/collab_source /your/path/to/bare_collab
```

 이 예에서 내 로컬 시스템에 복제한 bare_collab 저장소는 네트워크를 통해 공유되는 디렉토리를 대신하는 용도로 사용했다. 그러나 네트워크의 공유 디렉토리에서 작업하는 절차와 동일하다.

여기서는 CLI 모드에서의 실행을 설명했다. 대부분의 GUI들은 사용자가 이 명령들을 알고 있다고 생각한다. 퀵노트에서는 GUI를 이용한 방법은 설명하지 않고 넘어가겠다.

### 보충 설명

콘텐츠를 포함한 원본 저장소를 생성하고 원본 저장소에서 노출된 저장소를 복제하고, 팀 구성원들이 복제할 수 있도록 개방했다. 순서대로 잘 따라했다면 다음 그림에서 보는 것과 같은 구조를 볼 수 있다.

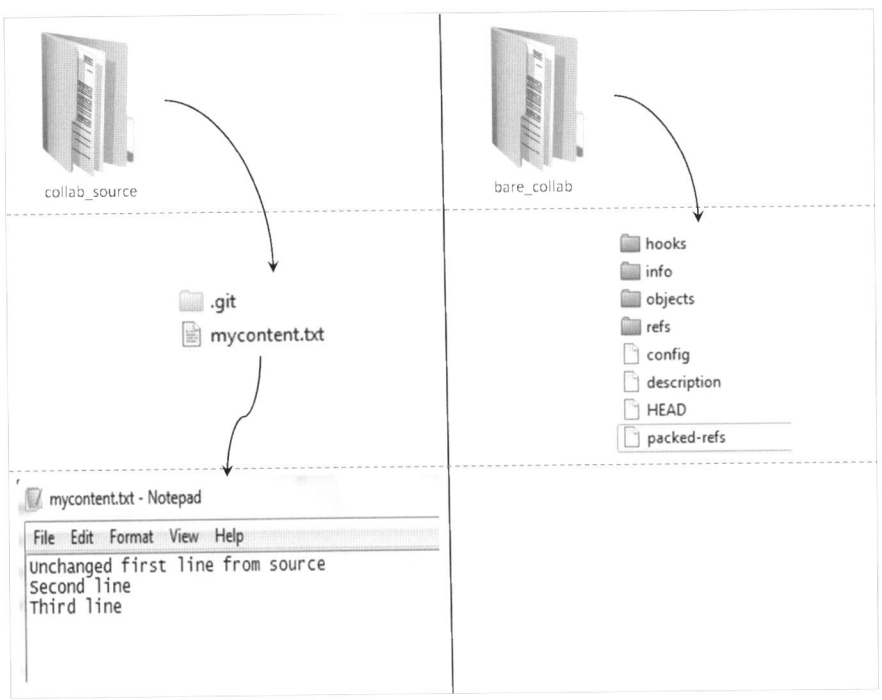

## 실습 예제 | 강제 분산 작업

이제 가상의 팀원들인 Bob과 Lisa가 bare_collab을 대상으로 해서 각자가 선호하는 위치를 목적지로 지정해 git clone 명령을 실행했다.

```
git clone /path/to/repository/bare_collab /path/of/local/copy/Bob_collab
git clone /path/to/repository/bare_collab /path/of/local/copy/Lisa_collab
```

### 보충 설명 |

깃에서 별다른 에러를 보고하지 않았다면 Bob과 Lisa는 bare_collab이라고 이름 지어진 노출된 저장소로부터 파일들을 복제했다. 이제 저장소들의 구조는 다음 그림처럼 돼 있을 것이다.

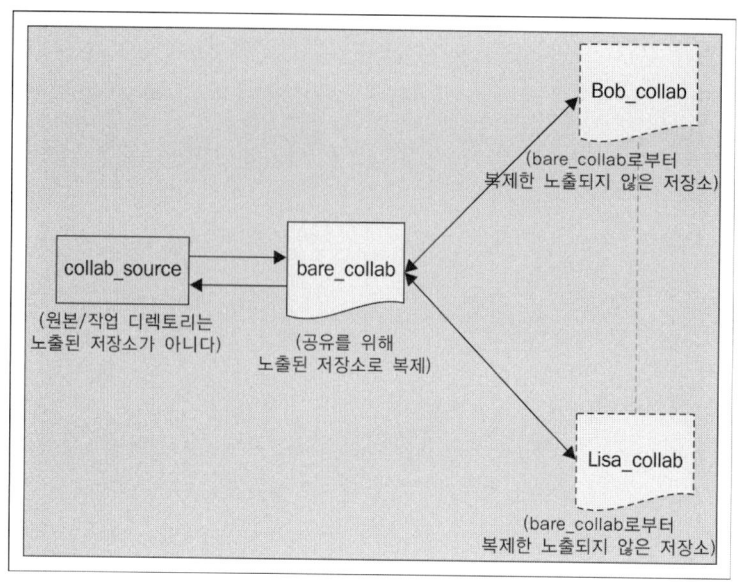

그리고 커밋 트리는 다음 그림과 같은 형태로 돼 있다.

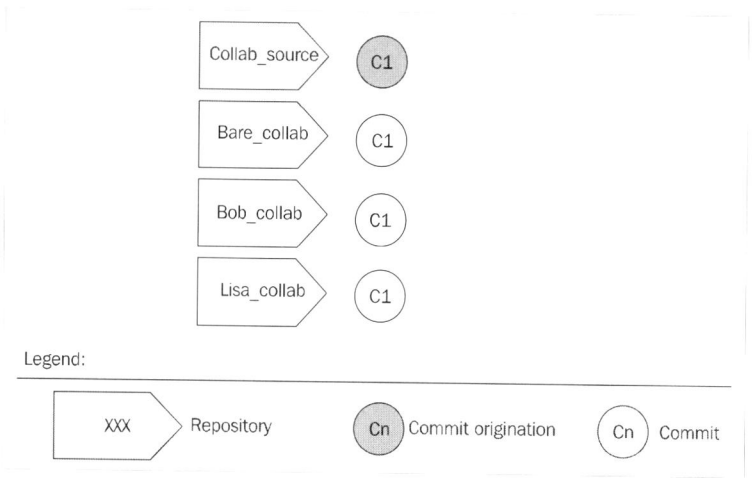

## 실습 예제 | Bob의 변경

1. Bob이 파일의 내용을 변경하겠다고 생각한다. 그는 파일을 열고 다음 코드에서 보는 것처럼 첫 번째 줄의 문장을 First line fromo source - Changed by Bob으로 변경했다.

   ```
   First line from source - Changed by Bob
   Second line
   Third line
   ```

2. 다음 그림에서 보는 것처럼 변경 사항을 추가하고 커밋한다.

   ```
   $ git status
   # On branch master
   # Changes not staged for commit:
   #   (use "git add <file>..." to update what will be committed)
   #   (use "git checkout -- <file>..." to discard changes in working directory)
   #
   #       modified:   mycontent.txt
   #
   no changes added to commit (use "git add" and/or "git commit -a")

   $ git add .

   $ git commit -m 'Bobs first commit after changing the first line'
   [master 9bab033] Bobs first commit after changing the first line
    1 files changed, 1 insertions(+), 1 deletions(-)

   $ git log
   commit 9bab0336e6c9ab984b538f1f7724bf8a9703f55e
   Author: Bob <bob.david@gmail.com>
   Date:   Tue Aug 7 18:35:32 2012 +0530

       Bobs first commit after changing the first line

   commit 276794c3518770264ad1a888ead5385d84fec013
   Author: Ravishankar Somasundaram <raviepic3@gmail.com>
   Date:   Tue Aug 7 13:18:12 2012 +0530

       Base commit from source
   ```

3. 팀원들과 변경 사항을 공유하고 싶어진 Bob은 그가 변경한 내용을 주먹구구식으로 공통 노출된 저장소에 푸시하고 싶지만, 여러 사람이 깃을 통해 작업을 할 때 자신이 푸시하기 이전에 누군가가 먼저 변경 사항을 푸시했을 가능성이 있기

에 먼저 풀pull을 해야 한다. Bob은 다음 그림에서처럼 `git pull`을 먼저 실행한 후에 `git push`를 수행한다.

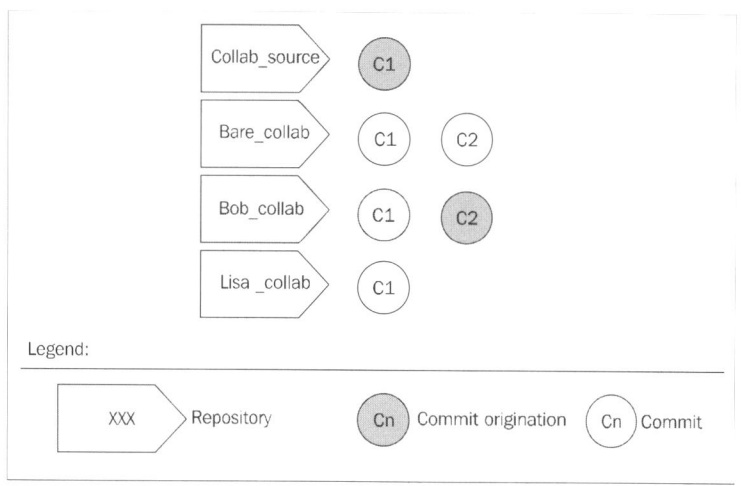

### 보충 설명

이 푸시 명령 때문에 노출된 저장소의 커밋 단계가 진행됐지만, 우리의 머신(`collab_source`)과 Lisa의 것은 여전히 뒤에 있다. 커밋 트리를 보면 다음과 같다.

### 실습 예제 | Lisa의 변경

1 Bob이 앞의 행위들을 수행하는 동안 Lisa는 그녀 나름대로 변경 사항들을 만들었다. 그녀 또한 파일의 첫 번째 라인과 또 다른 라인을 변경했다. 파일의 변경된 내용은 다음과 같다.

```
Unchanged first line from source = Not any more ;)
Second line
Third line
Fourth line by Lisa
```

2 그리고 그녀는 다음 그림에서처럼 변경 사항을 추가하고 커밋했다.

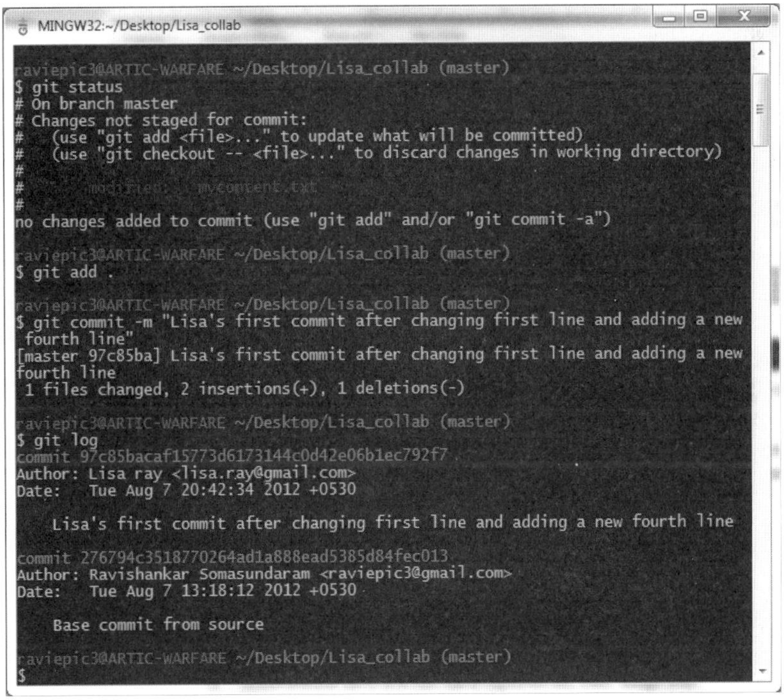

3 팀원들과 변경 사항을 공유하려고 할 때 Lisa는 공용 노출된 저장소에 그녀의 변경 사항을 푸시하고 싶었지만, 많은 사람과 일할 때에는 푸시하기 전에 누

군가가 먼저 푸시한 내용을 풀을 통해 끌어와 푸시하려는 내용에 포함시켜야 한다. 그녀는 먼저 `git pull`을 했는데, 다음과 같은 내용의 메시지가 보인다.

```
raviepic3@ARTIC-WARFARE ~/Desktop/Lisa_collab (master)
$ git pull
remote: Counting objects: 5, done.
remote: Compressing objects: 100% (2/2), done.
remote: Total 3 (delta 0), reused 0 (delta 0)
Unpacking objects: 100% (3/3), done.
From c:/Users/raviepic3/Desktop/./bare_collab
   276794c..9bab033  master     -> origin/master
Auto-merging mycontent.txt
CONFLICT (content): Merge conflict in mycontent.txt
Automatic merge failed; fix conflicts and then commit the result.
raviepic3@ARTIC-WARFARE ~/Desktop/Lisa_collab (master|MERGING)
$
```

### 보충 설명

Lisa는 변경 사항을 만들고, 추적 대상에 추가하고 커밋했다. 그리고 중앙 저장소 `bare_collab`에서 풀로 당겨왔다. 병합 과정에서 충돌이 발생했다.

마지막 3번째 라인을 살펴보면 끌어오는 것이 왜 멈췄는지 알 수 있다. 깃은 자동으로 Bob이 수정해 푸시한 mycontent.txt의 변경 사항들을 Lisa의 변경 사항과 병합하려고 했다. 두 변경 사항의 첫 번째 라인으로 인해 깃은 똑똑하게도 병합을 중단하고 충돌을 수정하라고 묻고 있다.

### 실습 예제 | Lisa의 병합 충돌 시험

Lisa가 충돌이 발생한 파일을 열어보니 그림에서 보는 것과 같은 패턴을 발견한다.

```
<<<<<<< HEAD
Unchanged first line from source = Not any more ;) - Lisa
=======
First line from source - Changed by Bob
>>>>>>> 9bab0336e6c9ab984b538f1f7724bf8a9703f55e
```

```
Second line
Third line
Fourth line by Lisa
```

> **보충 설명**

첫 번째 라인의 왼쪽으로 계속 이어진 화살표를 가진 HEAD는 저장소에서 Lisa 현재 위치를 의미한다. 다음 줄에는 그녀가 파일에서 작업한 변경 사항들이 보인다.

= 기호로 계속되는 다음 줄을 보면 Lisa의 콘텐츠가 끝나고 Bob의 변경 사항이 시작되는 영역을 표시한다. = 기호는 '구분자'다. 바로 다음 줄에는 Bob의 콘텐츠가 나타나고, Bob에 의해 변경되면서 생성된 커밋 ID가 따라온다.

> **실습 예제** | **Lisa의 병합 충돌 해결**

다음의 단계를 따라한다.

**1** 충돌을 해결하는 방법은 매우 간단하다. 다음 4가지 방법 중에서 선택하면 된다.

- □ 순서를 지정해 양쪽의 변경 사항을 모두 적용한다(Lisa와 Bob의 변경 사항처럼).
- □ 존재하는 변경 사항들을 제거하고 이전의 변경 사항으로 제한한다.
- □ 내 변경 사항을 제거하고 다른 변경 사항을 적용한다.
- □ 둘 다 제거한다.

그러나 4가지 방법 모두 만족스럽지는 않다.

콘텐츠에 대해 이 방법들을 수행하면 일반적으로 텍스트 에디터나 양방향성의 병합 툴을 사용해 3가지 뷰(로컬, 베이스, 원격)를 이용해 커밋에 대한 해결책이 필요하다.

로컬 뷰(Local view)는 현재 변경된 버전, 베이스 뷰(base view)는 깃이 자동으로 결정한 변경하기 이전 버전, 원격 뷰(remote view)는 변경된 원격 버전인데, 우리는 이것들을 통해 패치하고 병합해야 한다. 필요하다면 화살표와 표시기를 사용해 원격 버전의 순서를 정하고 이동시킬 수 있다. 다음 화면들을 보면 대화형 병합 도구가 어떻게 생겼는지 볼 수 있다(내가 보여준 도구는 파이썬을 기반으로 하는 유틸리티인 meld다).

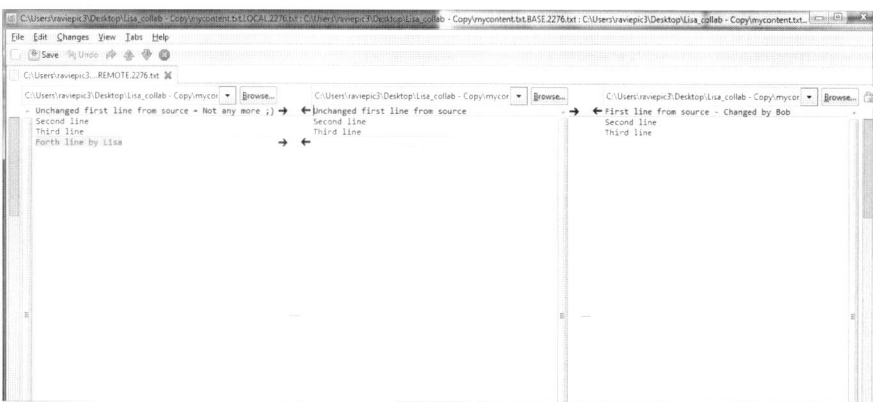

 현재 상황을 해결하기 위해 일반 문서 편집기를 사용할 것이다. 그러면서 차근차근 개념을 이해해가자.

Lisa는 앞서 나열한 고려 사항 중 첫 번째 방식에 따라 양쪽에 변경된 내용을 기재했다. 그녀가 어떻게 했는지 살펴보자.

2 Lisa는 Bob의 변경 사항이 그녀의 것보다 우선한다고 판단했다. 우선순위를 결정한 후 문서 편집기를 열어 다음과 같이 콘텐츠를 변경했다.

```
First line from source - Changed by Bob
```

```
Unchanged first line from source = Not any more ;)
- Lisa
Second line
Third line
Fourth line by Lisa
```

앞서 언급된 변경 사항들을 기록한 후 추가하고, 다음 그림에서 보는 것처럼 "Merge - Posted Bob's change to the top followed by mine" 메시지와 함께 커밋했다.

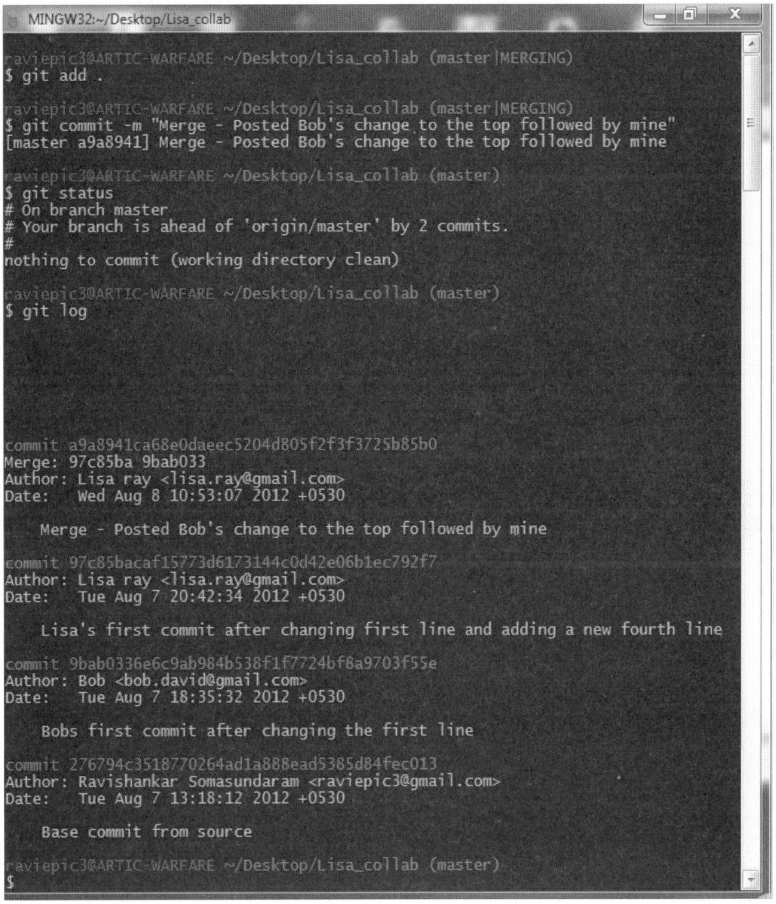

**3** 다음 그림에서 보는 것과 같이 Lisa는 커밋한 내용들을 push 명령을 이용해 중앙 저장소(bare_collab)에 푸시했다.

```
raviepic3@ARTIC-WARFARE ~/Desktop/Lisa_collab (master)
$ git push
Counting objects: 10, done.
Delta compression using up to 2 threads.
Compressing objects: 100% (4/4), done.
Writing objects: 100% (6/6), 665 bytes, done.
Total 6 (delta 1), reused 0 (delta 0)
Unpacking objects: 100% (6/6), done.
To c:/Users/raviepic3/Desktop/./bare_collab
   9bab033..a9a8941  master -> master

raviepic3@ARTIC-WARFARE ~/Desktop/Lisa_collab (master)
$
```

### 보충 설명

Lisa는 충돌을 성공적으로 해결하고 그녀의 변경 사항들을 팀원들이 변경할 수 있게 중앙 노출된 저장소에 푸시했다.

다음 흐름도에서 보여주는 것과 같은 커밋 트리 구조를 가진다.

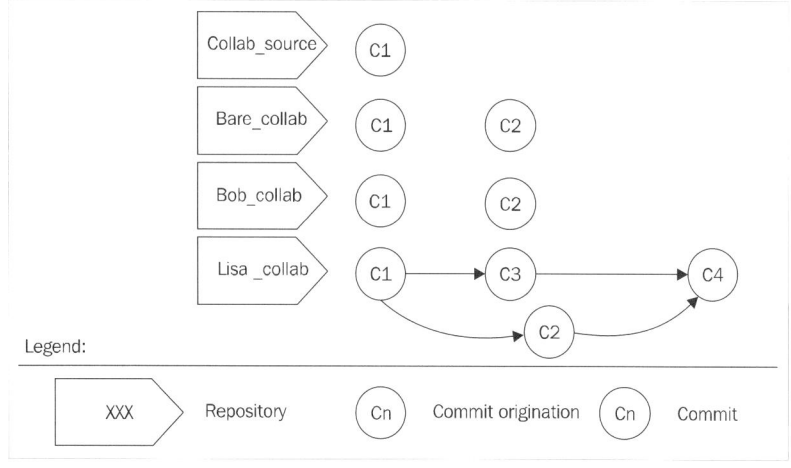

다이어그램에서 보는 것과 같이 C3(Lisa가 만든 로컬 커밋)과 C2(Bob이 만든 로컬 커밋)이 병합돼 병합된 커밋 C4가 됐다. GUI가 CLI 모드보다 훨씬 더 시각적으로 변동 사항들을 보여준다.

## GUI 모드: 저장소 이력 그래프 확인

Git GUI의 메뉴 Repositor에서 Visualize all branch history를 선택하면 Gitk가 열리고 왼쪽 상단에 저장소의 이력이 시각적으로 표현된다. Lisa가 보는 그림은 다음과 같다.

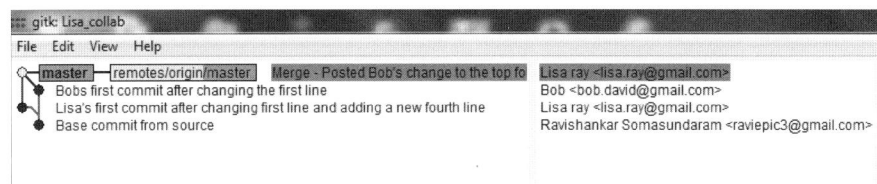

## CLI 모드: 저장소 이력 그래프 확인

터미널/콘솔 창에서 깃 저장소로 이동해 다음 그림에서 보는 것처럼 명령을 입력하면 트리 구조로 저장소의 이력이 표현된다.

```
git log --graph
```

다음 그림과 같은 내용을 보여준다.

```
MINGW32:~/Desktop/Lisa_collab
raviepic3@ARTIC-WARFARE ~/Desktop/Lisa_collab (master)
$ git log --graph
*   commit a9a8941ca68e0daeec5204d805f2f3f3725b85b0
|\  Merge: 97c85ba 9bab033
| | Author: Lisa ray <lisa.ray@gmail.com>
| | Date:   Wed Aug 8 10:53:07 2012 +0530
| |
| |     Merge - Posted Bob's change to the top followed by mine
| |
| * commit 9bab0336e6c9ab984b538f1f7724bf8a9703f55e
| | Author: Bob <bob.david@gmail.com>
| | Date:   Tue Aug 7 18:35:32 2012 +0530
| |
| |     Bobs first commit after changing the first line
| |
* | commit 97c85bacaf15773d6173144c0d42e06b1ec792f7
|/  Author: Lisa ray <lisa.ray@gmail.com>
|   Date:   Tue Aug 7 20:42:34 2012 +0530
|
|       Lisa's first commit after changing first line and adding a new fourth li
|
* commit 276794c3518770264ad1a888ead5385d84fec013
  Author: Ravishankar Somasundaram <raviepic3@gmail.com>
  Date:   Tue Aug 7 13:18:12 2012 +0530

      Base commit from source
```

## 실습 예제 | 중앙 노출된 저장소에 대한 동기화 처리

**1** Bob은 자신이 노출된 저장소에서 업데이트를 받은 지 오래됐다고 생각하며 최신 변경 사항들을 당겨왔다. 다음 그림과 같은 결과가 나타났다.

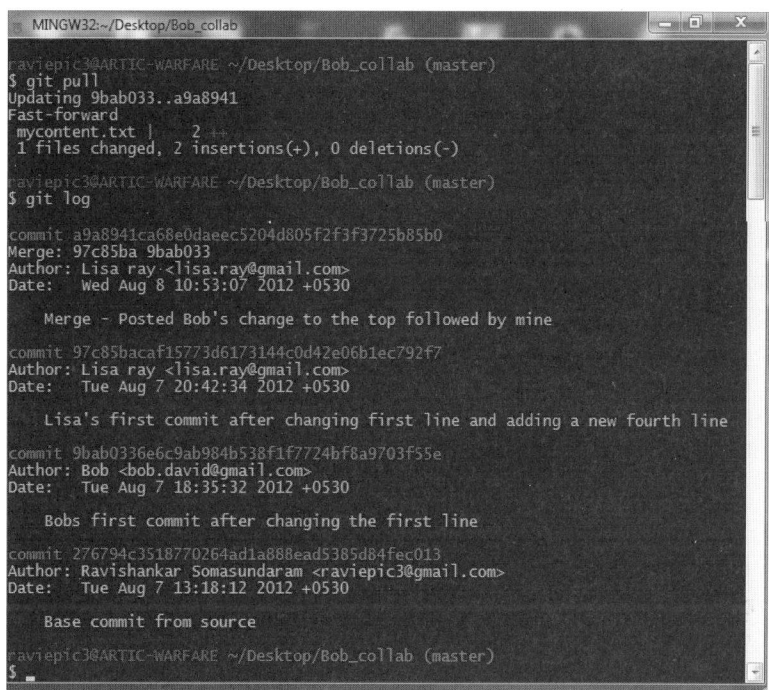

2 모든 저장소의 근원지인 원본 저장소를 잊지 않았기를 바란다. git pull을 실행하기 전에 노출된 저장소를 origin으로 지정한 후에 pull 명령을 수행한다. 다음 명령을 따라한다.

```
git remote add origin /path/to/bare_collab
git pull -u origin master
```

명령을 실행한 결과는 다음과 같다.

```
raviepic3@ARTIC-WARFARE ~/Desktop/collab_source (master)
$ git remote add origin ../bare_collab
raviepic3@ARTIC-WARFARE ~/Desktop/collab_source (master)
$ git pull -u origin master
remote: Counting objects: 11, done.
remote: Compressing objects: 100% (6/6), done.
remote: Total 9 (delta 1), reused 0 (delta 0)
Unpacking objects: 100% (9/9), done.
From ../bare_collab
 * branch            master     -> FETCH_HEAD
Updating 276794c..a9a8941
Fast-forward
 mycontent.txt |    4 +++
 1 files changed, 3 insertions(+), 1 deletions(-)

raviepic3@ARTIC-WARFARE ~/Desktop/collab_source (master)
$
```

이미 4장의 실습 예제를 통해 배웠다. 여기에 remote 항목이 하나 추가됐을 뿐이다. 파일을 열어보거나 `git log`를 실행해 저장소 사이에서 어떤 변화가 있었는지 확인할 수 있다.

### 보충 설명

협업 환경에서 발생할 가능성이 높은 동일한 파일과 동일한 줄에 대해 동시에 각기 다른 사람들이 각기 다른 저장소에서 만드는 변경 사항들을 성공적으로 동기화시키는 성과를 이뤘다.

## 정리

6장에서 배운 내용은 다음과 같다.

- 파일 콘텐츠 사이의 차이
- 텍스트 파일들을 다룰 때 깃의 강력함

게다가 어떻게 병합하는지, 그리고 병합 중에 발생한 충돌을 해결하는 방법을 배웠다. 이게 전부는 아니다. 협업 환경에서 수많은 사람이 동일한 파일에 대해 동일한 주제로, 심지어 동일한 줄에서 작업했을 때 어떤 규칙으로 처리해야 하는지 연습해봤다. 또한 하나의 결과를 얻기 위해 서로 다른 사람들이 어떻게 통합 작업을 하는지 배웠다.

# 7
# 깃을 사용한 분기

손쉬운 분기와 병합은 깃에서 가장 잘 알려지고 가치 있는 기능이다. 7장에서는 분기란 무엇인지, 왜 분기가 필요한지, 언제 분기가 필요한지 살펴본다. 6장에서는 병합 과정에서 충돌이 발생한 두 개의 파일을 조작해 병합하는 작업을 경험했고, 이제 필요에 따라 분기를 병합하는 방법을 한단계씩 차근차근 살펴본다.

조직의 관점으로 살펴보자. 우리는 또한 작업을 단순하게 하는 방법들을 배우고 연습할 것이다.

- 자주 사용하는 긴 명령 대신 짧은 에일리어스를 만들어 사용
- 자주 사용되는 워크플로우의 다양한 언어를 연결

## 분기란?

깃에서의 분기는 현재 작업 공간을 다른 사용 목적을 위해 복사하는 것처럼 분리해 사용한다. 달리 설명하면 현재 작업 중인 기본선에 혼란을 주는 일 없이 다른 작업을 진행하고 싶을 때 새로운 작업선을 분기시키는 것이라 말할 수 있다.

예제를 따라 해보면 이해하는 데 더 도움이 될 것이다.

여러분이 회사 부서에 대한 몇 가지 프로세스의 체크리스트를 관리하고 있다고 가정하고, 구조화가 잘 돼 있는 깃에 감명 받은 당신의 상급자가 부서와 관련된 몇 가지 작은 변경 사항을 만든 후에 다른 부서와 체크리스트를 공유하게 지시했다. 이 상황에서 여러분은 어떻게 문제를 해결할 것인가?

버전 관리 시스템 없이 관리하려면 파일을 다른 이름으로 복사하고 어떤 부서에 맞춰 변경 사항이 생길 때마다 새로운 복사본을 만들어야 할 것이다. 버전 관리 시스템과 현재 여러분의 지식수준이라면 저장소를 복제하고 변경 사항들을 생성한 후에 다시 복제할 것이다. 그렇지 않은가?

다른 것을 복사해 만든 변경 사항들을 통합해야 하는 요구 사항이나 상황에 직면하게 될 것이다. 예를 들어 복사본에서 오타를 발견했다고 가정하자. 동일한 원본에서 복사했을 것이니 다른 곳에도 오타가 복사됐을 것이다. 해결책을 모색하다가 다른 부서에 맞춰 생성한 점검 목록의 수정 버전을 여러분의 부서에 맞추는 것이 이전에 사용했던 방법(복사본을 만들어 버전을 관리)보다 훨씬 효과적이라는 것을 깨달았을 때 다른 부서의 모든 변경 사항들을 통합한 점검 목록을 원할 것이다.

이것이 분기(가지치기)의 기본적인 개념이다(개발선상에서 상황에 따라 통합할 수 있는 공통의 이력과 소스를 공유한 별도의 독립적인 라인). 그렇다. 분기는 항상 무엇인가를 복사하는 순간부터 자신의 삶이 시작된다.

대부분의 VCS는 워크플로우를 분기할 수 있는 기능을 지원한다. 그러나 깃은 속도와 실행의 용이함에서 다른 VCS들을 압도한다. 이것이 바로 사람들이 깃의 분기를 핵심 기능이라고 일컫는 이유다(8장에서 깃의 분기가 갖는 복잡함에 대해 다룬다).

## 왜 분기가 필요한가?

'왜' 부분을 이해하기 위해 프로젝트에서 각기 다른 사람들이 서로 다른 영역에서 작업하는 팀에서 일하는 상황이라고 가정해보자.

팀 전체가 프로젝트 1단계를 완료하고 2단계로 진입해 작업을 진행하고 있다. 유감스럽게도 이전 단계에서 품질관리 부서에서 발견하지 못한 버그가 출시된 1단계에 섞여있다(그래, 곧 마주친다).

버그 수정 작업을 우선적으로 수행할 것이다. 버그 수정을 위해 2단계를 삭제하고 1단계의 버그를 찾아내 핫픽스를 빠르게 수행할 것이다. 그러나 콘텍스트 전환은 탈선을 하듯 작업에 대한 매우 높은 비용을 지출하는 행위다. 이런 상황을 제어하기 위한 분기 개념(다음 절에서 시각적으로 살펴본다)을 갖고 있었다면 별다른 어려움 없이 다양한 내용을 작업할 수 있었을 것이다.

저장소 내부에 여러 개의 분기가 있다고 해도 활성화돼 있는 분기는 오직 한 개이며, 이 분기를 '현재 분기(current branch)'라고 한다.

저장소가 시작됐을 때 활성화돼 있는 기본 분기의 이름은 master이며, 명시적으로 변경 사항이 생기기 전까지 사용할 수 있는 유일한 분기다.

## 명명 규약

깃에서 분기의 이름을 강제하는 명명 규약을 살펴보자. 종종 할 수 있는 실수를 보여준다.

- 분기 이름에 포함돼서는 안 되는 것

    - 스페이스나 공백 문자

    - 콜론(:), 물음표(?), 물결(~), 카렛(^), 별표(*), 중괄호({) 같은 특수 문자

- 슬러시(/)는 계층적인 이름을 나타낼 때 사용할 수 있지만, 분기 이름의 끝에 슬러시를 붙일 수는 없다.

    예를 들어 my/name은 허용되지만 myname/은 허용되지 않고, myname\는 입력을 기다린다.

    - 문자열은 슬러시 다음에 마침표(.)로 시작할 수 없다. 예를 들어 my/.name 은 허용되지 않는다.

    - 이름은 연속적으로 두 개의 마침표(..)를 사용할 수 없다.

## 분기가 필요할 때

깃을 사용해 분기를 생성하는 것은 엄격한 규칙을 요구하지 않는다. 기술적으로, 관리적 측면을 비롯해 조직적인 이유에서도 손쉽게 분기를 생성할 수 있다. 다음과 같은 몇 가지 아이디어를 제공하겠다.

- 소프트웨어 애플리케이션의 개발 분기는 개발자들이 실제 출시 버전의 애플리케이션을 배포하지 않고 일부 로직을 수정하며, 자가 학습/실험의 목적으로 사용한다.
- 현재 패키지에 구현체들을 분리해 고객별로 소스코드의 분기를 분리해야 하는 상황이 있다.
- 일반적인 경우로, 팀의 일부 팀원이 출시 버전의 버그를 수정하기 위해 작업을 하고 있고, 나머지 팀원들은 다음 단계의 출시에 맞춰 작업을 하고 있다.
- 흔한 경우는 아니지만, 분기별로 팀원들이 등록한 내용들을 통합해 출시 후보군을 만들어야 할지도 모른다.

마지막 경우에 관한 흐름도를 보면서 분기의 동작 원리를 이해하자.

- 다음 그림에서 보는 것처럼 버그 수정을 위한 분기를 만들었다.

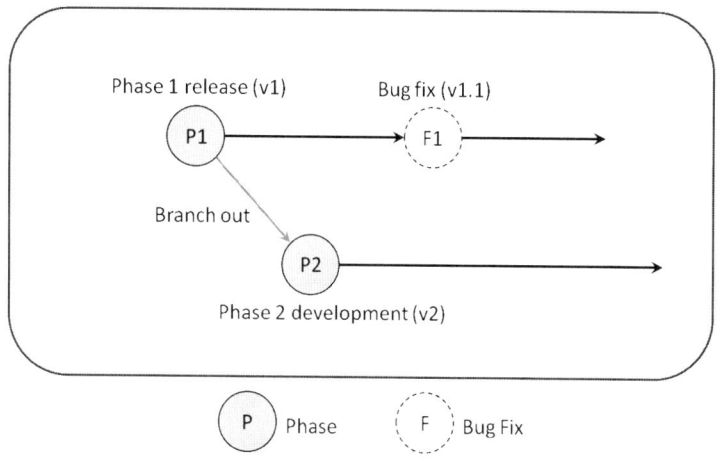

그림에 대해 설명하자면 P2는 작업을 하고 있는 것이고, P1은 버그를 찾은 것이다. 작업을 취소할 필요 없이 P1으로 변경해서 수정하고 P2로 돌아오면 된다.

- 각 분기의 진행은 다음 흐름도에서 보는 것과 같다.

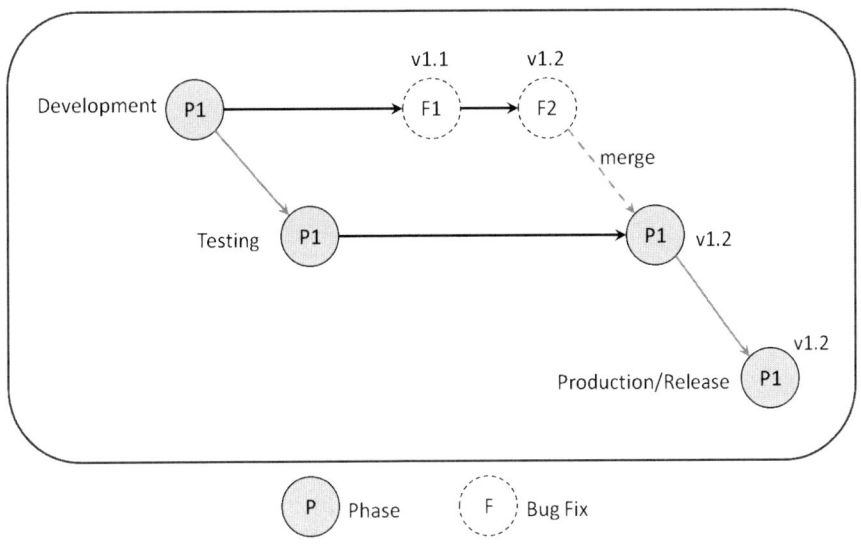

개발 분기 P1에서 테스트 팀에 할당(testing이라 불리는 분기를 생성)하고 보고된 버그를 발견하고 개발 분기(v1.1과 v1.2)에서 수정하고 testing 분기로 병합했다. 그 후에 production이나 release 분기를 생성해 최종 사용자가 접근할 수 있게 했다

- 각기 다른 컴포넌트를 개발할 경우의 분기는 다음 흐름도와 같다.

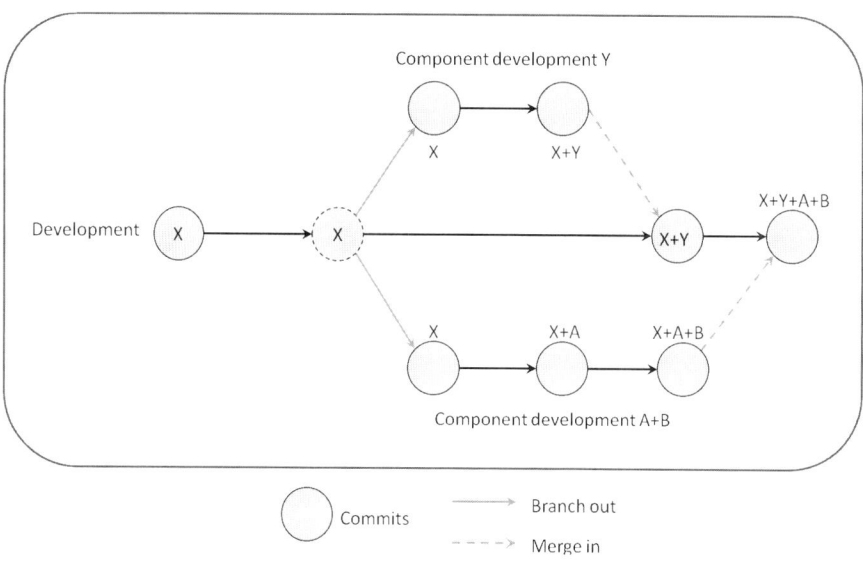

살펴보면 모든 개발 과제나 컴포넌트 빌드는 새로운 독립적인 빌드에서 개발하고, 완료되면 개발 분기에 병합하면 된다.

## 깃으로 분기

무엇을, 왜, 언제 깃 저장소에서 분기를 사용할 수 있는지에 대한 좋은 아이디어를 여러분이 갖고 있다고 확신한다. 이제 몇 가지 사용 사례를 통해 확실하게 이해해보자.

### 시나리오

여러분이 조직에서 훈련 주최자나 필요한 경우 교육을 진행하고 책임지는 역할을 담당하고 있다고 가정해보자. 이전 기록을 바탕으로 해서 의사소통 기술 훈련이 필요한 사람들의 목록을 준비하고 있다.

첫 단계로 대상자들에게 이메일을 발송하고, 그들이 지정된 날짜에 참여가 가능한지 확인하고, 각 부서의 관리자에게 대상자들에 대한 할당을 승인받아야 한다. 일과 관련된 경험상, 교육에 대한 기록을 통해 교육 대상자들도 팀 내의 상황에 따라 마지막 순간까지도 변경될 수 있음을 알고 있다. 따라서 여러분은 각 팀에 대한 초기 작성 목록을 발송하고, 목록 작성이 완료되는 순간까지 지속적으로 수정할 것이다.

### 실습 예제 | GUI 모드에서 분기 생성

깃 GUI를 이용해 새로운 분기를 만드는 과정은 다음 단계들을 따라하면 된다.

1  지정된 저장소에서 깃 GUI를 연다.
2  Branch 메뉴에서 Create 옵션을 선택(혹은 Ctrl + N 단축키를 이용)하면 다음과 같은 대화상자가 나타난다.

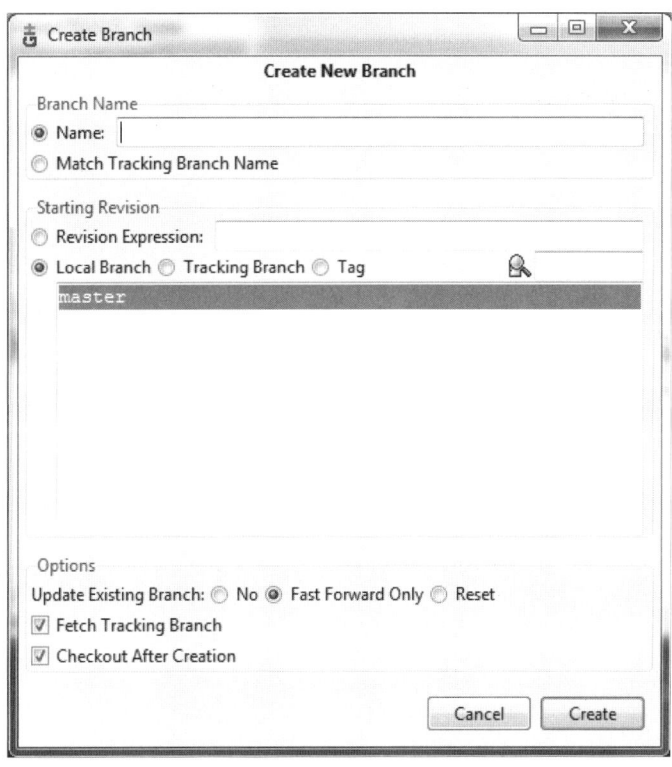

**3** Name 필드에 분기 이름을 입력하고, 나머지 필드는 그대로 두고 Create 버튼을 클릭한다.

### 보충 설명

깃 GUI을 이용해 분기를 생성하는 방법을 배웠다. 이제 깃 GUI에서 했던 작업들을 CLI 모드에서 수행해보자.

### 실습 예제 | CLI 모드에서 분기 생성

**1** 데스크탑에서 BCT 디렉토리를 생성한다. BCT는 'Business Communication Training'의 줄임말이다.

**2** BCT 디렉토리에 participante라는 이름으로 텍스트 파일을 생성한다.

**3** 이제 participante.txt를 열고 다음 항목들을 붙여 넣는다.

```
Finance team
    □ Charles
    □ Lisa
    □ John
    □ Stacy
    □ Alexander
```

**4** 저장하고 파일을 닫는다.

**5** 다음과 같이 깃 저장소를 초기화하고, 모든 파일을 추가하고 커밋한다.

```
git init
git add .
git commit -m 'Initial list for finance team'
```

**6** 이제 그들의 관리자들에게 이메일을 발송하고 목록이 완성되기를 기다린다.

**7** 그들이 답신을 보내줄 때까지 마케팅 부서에 대한 다음 작업을 진행해야 한다. 다음 명령을 입력해서 marketing이라는 분기를 생성한다.

```
git checkout -b marketing
```

**8** participante.txt 파일을 열고 재무 팀 아래에 마케팅 팀의 명단을 입력한다.

```
Marketing team
    □ Collins
    □ Linda
    □ Patricia
    □ Morgan
```

이제 마케팅 팀에 다섯 번째 멤버를 추가하기 전에 재무부서 관리자로부터 세 사람만 재교육이 가능한 상태이고, 다른 두 명(Alexander와 Stacy)은 중요한 업무를 처리하느라 참여하지 못한다는 내용과 함께 확정된 목록을 받았다. 이제 재무부서의 명단을 변경하고 마케팅 팀의 마지막 멤버를 채워야 한다.

**9** 재무부서 목록으로 돌아가서 수정하기 전에 마케팅 팀의 변경 사항을 추가하고 커밋한다.

```
git add .
git commit -m 'Unfinished list of marketing team'
git checkout master
```

**10** 파일을 열어 Alexander와 Stacy를 명단에서 삭제한 후 저장하고 닫은 다음 변경 사항을 추가하고 Final list from Finance team 메시지와 함께 커밋한다.

```
git add .
git commit -m "Final list from Finance team"
git checkout marketing
```

**11** 파일을 열어 다섯 번째 참가자로 'Amanda'를 마케팅 팀에 추가한 후 저장하고 변경 사항을 추가한 다음 커밋한다.

```
git add .
git commit -m "Initial list of marketing team"
```

**12** 마케팅 팀에 입력을 마치고, 다음의 명령을 실행해 두 목록을 병합한다.

```
git merge master
```

**13** 다음 그림과 같은 병합 충돌이 일어날 것이다.

```
raviepic3@ARTIC-WARFARE ~/Desktop/BCT (marketing)
$ git merge master
Auto-merging participants.txt
CONFLICT (content): Merge conflict in participants.txt
Automatic merge failed; fix conflicts and then commit the result.
raviepic3@ARTIC-WARFARE ~/Desktop/BCT (marketing|MERGING)
$
```

**14** participante.txt를 열어 6장에서 배운 대로 충돌을 해결하고, 변경 사항을 추가한 후 마지막으로 커밋한다.

| 보충 설명 |

데이터 등의 손실 없이 초기 목록에서 두 번째로 받은 목록의 변경 사항을 성공적으로 적용하면서 (다른 간섭 없이) 분기 개념을 익혔다.

앞서 설명했듯이 분기는 대상을 복사하는 순간부터 생명력을 갖게 된다.

여기서 `git checkout -b branch_name`을 통해 현재 위치에서 새로운 분기를 만들었다.

기술적으로 현재 위치라 불리는 로컬에 생성하고 HEAD가 위치하고 있는 경량의 분기 유형을 '토픽 분기(Topic branches)'라고 부른다. 분기의 다른 유형은 '원격 분기' 혹은 어떤 이들은 다른 저장소의 작업들을 누군가가 추적한다고 해서 '원격 추적 분기'라고도 부른다. 이미 클로닝의 개념을 배우면서 경험했다.

git checkout -b branch_name 명령은 다음의 두 명령을 실행한 것과 동일하다.

- **git branch branch_name** 주어진 위치에서 주어진 이름으로 분기를 생성하지만, 분기는 현재 위치를 유지한다.
- **git checkout branch_name** 현재/활성화 분기로부터 정의된 분기로 변경한다.

깃 GUI를 통해 분기를 생성할 때는 분기가 생성된 결과로 자동적으로 체크아웃이 진행된다.

git merge branch_name 명령은 현재/활성 분기에 정의된 분기의 콘텐츠를 포함해 병합한다. 병합된 분기는 git branch -d branch_name 명령으로 삭제하기 전까지는 남아있다.

 여러분이 생성하고 작업한 분기의 콘텐츠를 다른 분기와 병합되는 것을 원하지 않을 경우에 간단하게 분기를 삭제하려면 앞서 언급했던 -d 대신 -D을 옵션으로 사용하면 된다.

시스템에서 가능한 분기 목록을 보려면 다음 그림에서처럼 git branch 명령을 이용하면 된다.

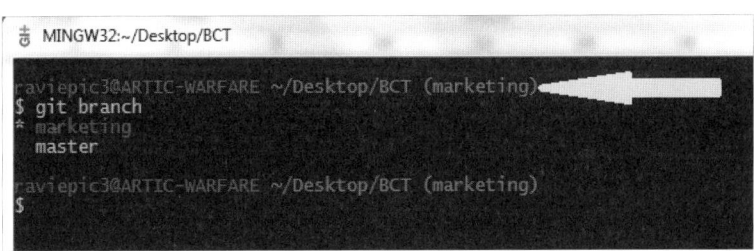

그림에서 보는 것처럼 BCT 저장소에서 가능한 분기들은 marketing과 master이며, master는 저장소를 생성했을 때 지정되는 기본 분기다. 현재/활성 분기 앞에는 별표(*)가 붙어있다. 활성 분기를 식별하기 쉽게 깃에서는 괄호 안의 (분기 이름) 활성 분기를 화살표로 가리킨다.

이제부터 예제를 통해 상황에 따라 깃을 생성하고, 콘텐츠를 추가하고, 분기를 병합하는 방법을 배울 것이다. 이제, 이력을 어떻게 시각적으로 살펴볼 것인지, gitk(명령 창에서 gitk라고 입력하거나 깃 GUI의 Repository 메뉴에서 Visualize All Branch History를 선택)를 열고 왼쪽 상단을 살펴보자. 다음 그림에서 보는 것처럼 이력을 볼 수 있을 것이다.

**과제**

'분기가 필요한 때' 절의 마지막 흐름도에 맞춰 저장소를 빌드해보자. 'development'라는 기본 분기와 다섯 개의 컴포넌트 개발 분기가 있을 때 수정 사항을 원본에 생성한 후에 병합해보자.

## .config 파일: 에일리어스 사용

이름에서 나타나듯이 이 텍스트 파일은 .git 디렉토리에 위치하며, 프로젝트/저장소의 정의 설정 파일이다. 또한 여러분이 자주 사용하는 명령에 대한 에일리어스를 구성할 수 있다. 다음 절에서는 에일리어스를 추가하는 예를 설명한다.

### 실습 예제 | CLI에서 간단한 에일리어스 추가

터미널 창에서 다음의 내용을 입력한다.

```
git config --local alias.ad add
git config --local alias.st status
```

선호하는 텍스트 편집기를 통해 현재 저장소 안에서 .config 파일을 열어보면 제일 아래 라인에 다음 내용이 추가돼 있다.

```
[alias]
  ad = add
  st = status
```

### 보충 설명 |

깃 명령 add와 status에 대한 에일리어스를 성공적으로 생성했다. 이 에일리어스를 확인하는 방법은 터미널 창에서 git st를 입력하고 실행 결과를 살펴보면 git status 명령과 동일한 결과를 보여준다. 마찬가지로 git add 명령 대신 git ad를 사용할 수 있다.

또한 두개 혹은 그 이상의 명령을 하나의 에일리어스로 연결할 수 있다. 어떻게 하는지 살펴보자.

### 실습 예제 | CLI에서 하나의 에일리어스에 명령 엮기

.config 파일은 일반 텍스트 파일이며, 선호하는 편집기를 이용해 파일을 열고 편집하는 대신 터미널 창에서 직접 파일을 수정할 수 있다.

**1** .config 파일을 선호하는 편집기로 연다(앞서 파일을 열어둔 편집기를 종료하지 않았다면 하지 않아도 된다).

**2** 앞 절에서 명령을 실행하면서 [alias]라는 섹션 아래에 ad와 st에 대한 정의가 생성됐다. 다음 항목들을 복사해 다음 줄에 붙여 넣는다.

```
ast = !git add . && git st
bco = "!f(){ git branch ${1} && git checkout ${1}; };f"
ct = "!f(){ git commit -m \"${1}\";};f"
```

추가 후의 내용은 다음과 같다.

```
[alias]
  ad = add
  st = status
  ast = !git add . && git st
  bco = "!f(){ git branch ${1} && git checkout ${1}; };f"
  ct = "!f(){ git commit -m \"${1}\";};f"
```

**3** 터미널 창에서 다음 명령을 실행한다.

```
git bco check_branch
```

**4** 임의의 내용을 넣은 testfile.txt 파일을 저장소에 추가하고 다음 명령을 실행한다.

```
git ast
git ct "Created test branch, file to practice alias functionality"
```

### 보충 설명 |

성공적으로 하나의 에일리어스에 여러 명령을 연결했다.

이제 저장소에서 분기를 생성해야 할 때 git bco 명령을 사용할 수 있다.

마찬가지로 저장소의 모든 변경 사항을 추가하고 상태를 확인해야 할 때 다음 명령을 사용할 수 있다.

git ast

저장소에서 커밋을 해야 할 때 git commit -m "your_commit_message_here" 대신 다음 명령을 사용할 수 있다.

git ct "your_commit_message_here"

직접 터미널 창에서 에일리어스를 추가하는 것에 대해 명령으로 추가하는 방법과 직접 파일을 수정하는 방법의 차이를 알 수 있다. 터미널 창에서 실행될 셸 명령을 이용하는 에일리어스를 .config 파일에 추가할 경우에는 느낌표(!)를 앞에 선언해야 한다. git add .은 현재 저장소 내에 있는 파일들의 변경 사항 모두를 추가하고 && 연산자로 다른 명령을 연결할 수 있는데, git st를 연결했다. git st는 저장소의 상태를 보여준다. 이미 status에 대한 에일리어스를 생성했기 때문에 st처럼 편리하게 사용할 수 있다.

다음 두 줄에 보이는 중괄호를 보고 두려워하지 말기 바란다. 여러분이 알아야 할 것은 셸 스크립트에서 함수 f()는 실행될 명령을 엮기 위해 작성했다. 앞서 이야기 했듯이 셸 명령 앞에는 느낌표(!)를 앞에 붙여야 한다.

${1}은 전문 용어로 변수$^{variable}$라고 불리는 마법의 도구인데, 사용자가 입력한 값(check_branch)을 붙여 넣는 작업을 하고, 다음 명령에서도 동적으로 입력해준다. ${1}을 사용할 때 그것은 사용자가 제공하는 값을 채워 넣는다.

설정과 관련된 모든 변경 사항은 하나의 저장소에 독립적으로 .config 파일에서 살펴볼 수 있으며, 모든 변경 사항은 로컬에 유지된다. 전역적으로 변경 사항을 적용하고 싶은 경우에는 .gitconfig 파일 안에 만들어야 한다. 이 파일은 윈도우 시스템을 사용한다면 C:\Users\your_username 디렉토리에 맥이나 리눅스를 사용하는 경우에는 ~/ 디렉토리에 항상 존재한다.

## 실습 예제 | GUI에서 복잡한 에일리어스 추가

깃 GUI에는 이미 필요한 단축키들을 갖고 있기 때문에 화제를 다른 것으로 바꿔 배워보자. 깃 GUI를 통해 명령을 연결해보자.

**1** 깃 GUI를 열고 Tools 메뉴에서 Add 옵션을 선택하면 다음과 같이 Add Tool 창이 나타난다.

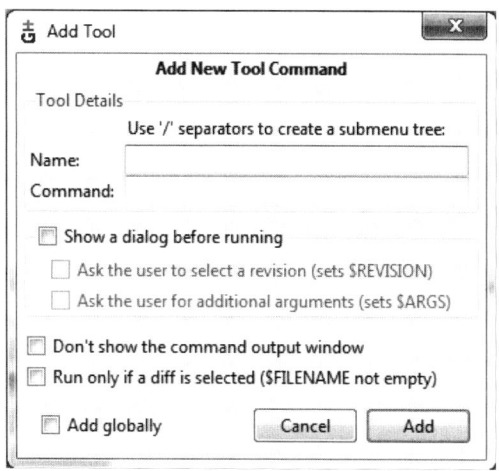

**2** 각 필드에 다음 표와 같이 값을 입력한다.

| 필드명 | 필드 값 |
|---|---|
| Name | Add and status |
| Command | git add . && git status |

**3** Add 버튼을 누른다.

다음 그림에서 보는 것처럼 이제 Tools 메뉴 안의 메뉴 항목에 방금 생성한 에일리어스가 추가돼 있는 것을 확인할 수 있다.

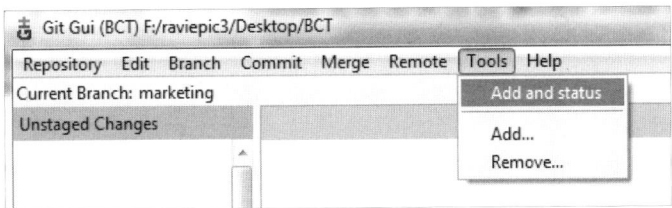

### 보충 설명

에일리어스를 이용해서 자주 사용하는 긴 명령을 간략하게 생성하는 방법을 연습하며 배웠다. 또한 CLI와 GUI 모드에서 여러 개의 명령을 묶는 방법을 배웠고, 그것을 실행해봤다.

**과제**

git log 에일리어스 만들기

clog(git commit and git log)란 이름으로 두 개의 명령을 엮어 만들려고 하는데, 사용 방법은 git clog "my_commit_message_here"이며, 변경 사항들은 changes to be committed 상태에서 nothing to commit 상태로 이동한다(설명하자면 변경 사항들을 추가했지만 저장되지는 않은 상태의 파일들을 커밋하고 커밋 메시지를 추가한다). 모든 커밋과 관련 정보를 지속적으로 목록화할 수 있다(git log를 사용해 메시지를 확인할 수 있다).

## 정리

7장에서 배운 내용은 다음과 같다.

- 분기란 무엇인지
- 다른 업무 흐름 사이에서 언제 어떻게 사용할 수 있는지

또한 동일한 저장소에서 서로에게 간섭 없이 다른 부분들에서 작업하는 것과 콘텐츠를 통합해야 하는 경우에 다른 부분을 병합하는 방법을 배웠다.

게다가 에일리어스의 사용법을 살펴보고 자주 사용하는 긴 명령과 작업 흐름상 자주 사용하는 여러 명령을 에일리어스로 간략하게 만들어 사용했다.

|
# 8
# 깃의 원리

깃에 대한 놀라움을 가득 머금은 얼굴을 직면하고 나니, 마술 뒤에 숨겨진 메커니즘에 대해 궁금증이 생길 것이다.

8장은 다음과 같은 작업들의 복잡성으로 인해 어려워하는 사용자들을 위한 장이다.

- 초기화
- 추가
- 커밋
- 상태
- 복제
- 패치
- 병합
- 원격
- 풀

- 푸시
- 태그
- 분기
- 체크아웃

지능적인 깃의 콘텐츠를 관리하는 방법을 분석하면서 깃 저장소의 구성에 대해 살펴보고, 마지막으로 깃이 순서에 따라 콘텐츠를 저장하고 전송하는 과정을 총괄적으로 살펴보겠다.

## 깃의 두 면모: 플러밍과 포셀레인

멋지고 새로운 자동차에 관한 기능을 강조하는 홍보물에 상관없이 자동차가 제공하는 사용자 친화적인 인터페이스를 통해 소소한 즐거움을 느낄 수 있다. 핵심적인 작업은 내부에서 수행되지만, 인터페이스를 통해 외부에서 동작이 제어된다.

이와 유사하게 깃은 명령에 따라 내부적이고 외부적인 수준의 작업이 진행된다.

- **플러밍(Plumbing) 명령**  이 명령들은 저수준의 수행을 관리하며, 깃의 기초적인 근간을 형성한다.
- **포셀레인(Porcelain) 명령**  최종 사용자들에게 이해하기 쉬운 이름을 통해 배관 명령들을 제어하는 고수준의 것들이다.

이전 장들에서는 포셀레인 형태의 명령들을 배웠다. 이제 은막 뒤에 있는 그들을 하나씩 살펴보자.

## 깃 초기화(git init)

초기화 명령은 버전의 근간이 되는 .git 하위 디렉토리를 생성한다. 이제 다음 그림에서 보는 것과 같은 디렉토리 구조를 가진 .git 디렉토리를 찬찬히 살펴보자.

## Hooks

Hooks는 다양한 깃의 명령과 그 수행에 주입할 수 있는 사용자 정의 스크립트다. 우리가 작성한 hooks를 이 디렉토리 안에 넣어서 사용할 수 있다.

`git init` 명령을 수행하면 디렉토리 안에는 예제 후크 묶음들이 자동으로 생성되지만, `hook_name.sample` 파일의 이름을 `hook_name`으로 변경하기 전까지는 동작하지 않는다. 다양한 후크의 활용 방법에 대해 더 알고 싶다면 `git help hooks` 명령을 실행해 도움말 문서를 열어보면 된다.

## Info

저장소에 관한 추가 정보들은 이 디렉토리 안에 저장된다. 현재 이 디렉토리 안에는 exclude라는 파일 하나만 존재한다. 이 파일은 깃에서 추적하는 파일들 중에서 제외된 파일 목록들을 기록한다.

이와 유사한 기능을 하는 것을 본 기억이 나는가? .gitignore 파일에 등록된 배타 패턴(exclusion pattern)은 로컬 저장소가 아닌 후속 복제에 반영되는 것을 제외하고 동일한 동작을 수행한다. .gitignore를 작성하고 나면 이력의 일부가 돼 추가, 커밋, 병합, 복제, 풀, 푸시, 기타 깃 명령들에도 적용된다.

## Config

이름만으로도 모든 것을 표현된다. 이 텍스트 파일은 프로젝트/저장소에 대한 상세 설정 파일이다. 이 파일에 대한 간단한 내용은 앞에서 다뤘다. 그러나 이 내용을 다루는 것은 이 책의 범위를 넘어서기 때문에 더 이상 다루지는 않겠다.

깃의 저장소가 복제되거나 데이터가 변경되는 곳에서 원격 섹션의 항목을 유지하는 곳이다. 또한 노출된 저장소인지 여부와 같은 일부 핵심 설정이 포함돼 있다.

## Description

깃의 설치와 함께 제공되는 패키지 중에 gitweb이 있고 깃 저장소를 위한 웹 인터페이스 설정이다. 이것은 웹 브라우저를 이용해서 저장소를 살펴볼 수 있음을 의미한다.

이 설명 파일에는 저장소의 목록을 요청하는 클라이언트에 표시되는 gitweb 프로그램에서 사용하는 저장소의 사용자 정의에 대한 설명이 포함돼 있다.

## Objects

다른 VCS의 저장소처럼 깃의 저장소는 파일에 대한 유지, 복제, 수정 등의 이력을 관리하는 데 필요한 모든 데이터를 포함하는 데이터베이스에 불과하다. 하지만 깃의 이런 작업을 처리하는 방식은 다른 VCS들과 차별화돼 있다.

이것이 가능한 것은 깃에서는 유입되는 모든 것을 객체로 간주하기 때문이다. 네 가지 유형의 객체 blob, trees, commits, tags가 주축이 된다.

### Blob

블록 쌓기 게임에 대해 잘 알고 있을 것이다. 그 중에 몇 번은 해봤을 것이다. 빌드 구조의 종류에 상관없이 기본적으로 다양한 블록을 여러 개 조합해 만든다는 것을 회상해보자. 블록 쌓기를 하던 중에 불완전한 구조를 보존하려고 할 때 덮개나 상자에 넣어 보관한다.

이와 유사하게 컴퓨터에서도 다루는 이미지, 오디오, 비디오 클립, PDF 문서 등은 관련 없어 보이지만, 비트들로 구성된 바이너리 데이터들로 이뤄져 있다. blob$^{binary\ large\ object}$는 나중에 사용하기 위해 단일 객체로 상자/덮개 내부에 저장된 이진 데이터의 집합에 불과하다.

blob는 데이터 구조에 상관없이 모든 종류의 데이터를 저장한다. blob는 파일의 위치나 이름과 같은 콘텐츠의 메타데이터가 아닌 콘텐츠 자체에 집중한다.

### Trees

Tree 객체는 콘텐츠의 구조와 디렉토리에 대한 내부적인 표현이다. 파일과 다른 디렉토리에 관해 언급하는 부분에서는 파일 시스템의 디렉토리와 유사하다. 깃 트리 객체는 깃 blobs나 다른 깃 트리 객체들을 언급할 수 있다.

### Commits

Commit 객체는 저장소 콘텐츠들의 변경 사항에 관한 모든 메타데이터를 보유하고 있다. 메타데이터에는 변경 사항의 주체, 변경 사항의 커미터(서로 다른 사람일 수 있다)들의 이메일 주소, 일자, 시간 정보를 포함하고 있다.

### Tags

Tag 객체는 다른 객체에 부착할 수 있고, 커밋 객체를 쉽게 검색할 수 있게 하고, 7장에서 태그와 관련한 다른 이유로 사람이 읽을 수 있는 이름으로 전달한다.

## HEAD

HEAD는 포인터처럼 깃 엔진이 활성화돼 있는 분기(현재 작업 중인 분기)의 여러 가지 동작에 관한 지점을 나타낸다. 텍스트 편집기를 실행해 열었을 때 마스터 분기에 있다면 다음 내용을 볼 수 있다.

```
ref: refs/heads/master
```

그리고 현재 `test_release` 분기에서 작업하고 있다면 다음처럼 HEAD가 변경돼 있는 것을 볼 수 있다.

```
ref: refs/heads/test_release
```

## Refs

브라우저를 통해 google.com이나 173.194.35.39에 접근하면 양쪽 다 동일한 구글 검색 페이지를 볼 수 있는데, 두 가지가 어딘가에 매핑 참조돼 있음을 알게 될 것이다. 또 다른 간단한 예를 들어보면 인명부에 등록된 모든 사람의 이름은 고유한 직원/학생 ID와 연결돼 있다. 이 고유한 ID는 동일한 이름을 가진 여러 사람을 식별하는 데 사용된다.

이와 같이 refs 디렉토리는 깃의 일부 작업을 수행하기 위한 참조를 목적으로 제공된다. 저장소의 중요한 포인트인 태그나 분기에 대한 ID는 SHA-1을 이용해 저장된다. 태그에 관한 메타데이터는 ref/tags 디렉토리 안에 저장되고, 분기에 관한 메타데이터는 ref/heads 디렉토리에 저장된다.

heads 디렉토리 안에는 각 분기 이름과 같은 파일이 존재하며, 파일 안의 내용은 각 분기에서 생성한 커밋의 SHA-ID가 저장돼 있다(깃의 상속적 조건). 태그도 이와 유사하게 tags 디렉토리 안에 태그명의 파일이 존재하며, 그 파일 안에는 SHA-1 ID가 연결돼 있다.

### heads와 tags 디렉토리 내부에서 충돌 알림

tags 디렉토리와 heads 디렉토리 내부에서는 저장소에서 생성된 태그와 분기 이름으로 표현된다고 앞서 설명했다. head와 tags 디렉토리 내부에 한 개 혹은 그 이상의 디렉토리 구조가 존재해도 놀랄 필요는 없다.

매우 단순한 계층적 구조 표현체로 분기나 태그의 이름이 부여된다. 태그에 적용할 분기 개념에 초점을 맞추고 다음과 같은 예제를 살펴본다면 더 명확해질 것이다.

mybranch(git branch mybranch) 분기를 생성한다. heads/mybranch에 mybranch라는 파일이 생성되고, kamia/kashin(git branch kamia/kashin) 같은 계층 구조의 분기를 생성한다면 heads/kamia/kashin 디렉토리에 kashin이라는 파일이 생성될 것이다.

지금까지는 아직까지 커밋이 없는 방금 초기화된 깃 저장소의 중요한 부분들을 살펴봤다. 그러나 저장소에 콘텐츠를 추가하면 index라는 또 하나의 중요한 키 플레이어가 나타난다.

### Index

index 파일은 깃이 커밋된 스테이징 영역staging area에 관한 정보를 저장한다. 간단하게 말하면 인덱스 파일의 콘텐츠는 다음 커밋이 된다. 즉, 이것은 저장소에 커밋할 파일을 보관하는 장소가 된다.

## 깃: 콘텐츠 추적 시스템

깃에서 데이터를 어떻게 인식하는지 이해하는 것이 중요하다. 디렉토리 구조에서는 파일 위치나 파일명을 이용하지 않는다. 오히려 파일의 내용이 중요하다. 파일의 개수와는 상관없이 저장소 내부에 파일들이 저장된 위치는 동일한 콘텐츠를 가질 때 깃은 그들의 해시를 통해 그들 사이의 관계를 파악한다.

> 깃에서 데이터를 저장하기 전에 제일 먼저 하는 작업은 해시를 계산하는 것이다. 콘텐츠에 부여된 해시는 세상에서 유일하다. 즉, 이 컴퓨터에서 'Hello world'를 포함한 파일의 해시 값은 나를 비롯해서 다른 사람들에게도 모두 동일하다는 것을 의미한다.

유사점을 찾아보면 깃은 하나의 blob 객체 아래에 콘텐츠를 저장한다. 노트에서 언급했듯이 콘텐츠는 유일한 상태이기 때문에 백그라운드에서 하드웨어의 사용을 최소화해 저장하고, 재사용시에는 트리 객체에 저장된 메타데이터를 사용해 정확한 저장 패턴을 가져온다.

해시 계산은 여러 단계에서 발생해 파일 중 하나라도 작은 변화에 대한 새로운 해시를 제공하고 깃은 그것들을 별도로 보관한다. 이런 프로세스는 파일의 이름이나 위치에 관계없이 콘텐츠를 중심으로 동작하므로 깃은 종종 콘텐츠 추적 시스템이라 불린다.

## 깃 추가(git add)

add가 실행됐을 때 깃은 작업 트리(변경 스테이징)에 있는 현재의 콘텐츠를 사용해 인덱스를 갱신하고 다음 커밋에 대한 콘텐츠를 준비하는데, 그 과정은 다음과 같다.

1. 콘텐츠에 대한 해시를 계산
2. 기존의 blob 객체에 새로운 콘텐츠나 링크를 만들지 여부를 결정
3. 실제로 생성하거나 blob에 연결
4. 콘텐츠에 위치를 추적할 tree 객체를 생성

이 시점에서 인덱스는 다음 커밋의 작업 트리 내용에 관한 스냅샷을 잡고 있다고 말할 수 있다.

이미 알고 있듯이 이 명령은 커밋 전에 여러 번 수행될 수 있다. add 명령이 실행되면 지정된 파일(들)의 콘텐츠를 추가한다. 다음 커밋에 변경 사항을 추가시키려 한다면 git add를 다시 실행해서 인덱스에 새로운 콘텐츠를 추가하면 된다.

 blob와 tree 객체를 생성하는 과정에서 좀 더 중요한 것은 다음 그림에서 보는 것처럼 둘 사이에 hash ID가 연결된다는 점이다.

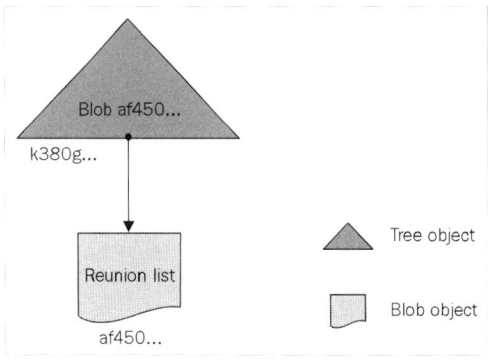

앞서 설명했듯이 tree는 blob 객체만 가리키는 것이 아니라 다음 그림에서 보는 것처럼 다른 tree 객체와 계층적인 네트워크를 형성할 수 있다.

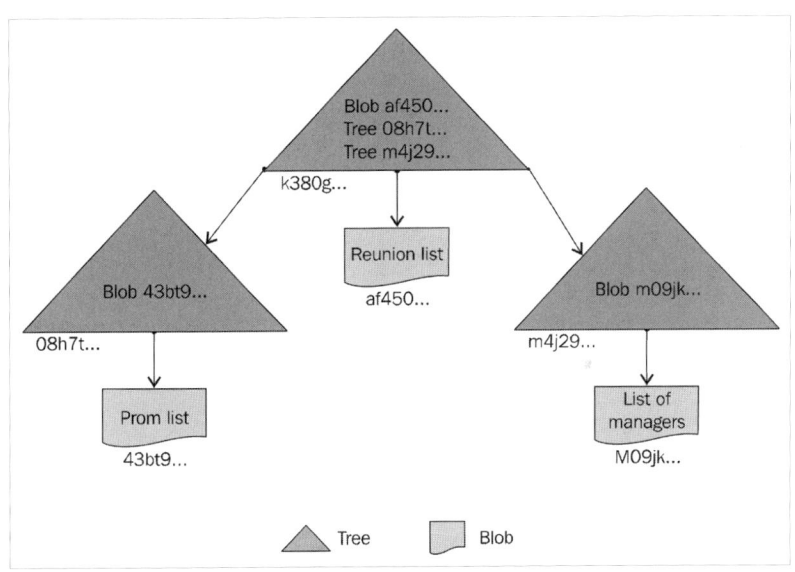

## 깃 커밋(git commit)

commit 명령을 실행했을 때 커밋 객체는 앞서 사용된 `git add` 명령이 추가한 콘텐츠와 변경 사항에 관한 메타데이터를 생성한다. 생성된 메타데이터에 포함된 내용은 다음과 같다.

- 변경 사항에 대한 작성자의 이름과 시간대 설정이 적용된 날짜와 시간
- 변경 사항을 커밋한 사람의 이름과 시간대 설정이 적용된 날짜와 시간

그런 다음 생성된 객체는 다음 그림과 같이 이미 blob 객체가 연결돼 있는 tree 객체에 연결되면서 버전 관리 프로세스가 완료된다.

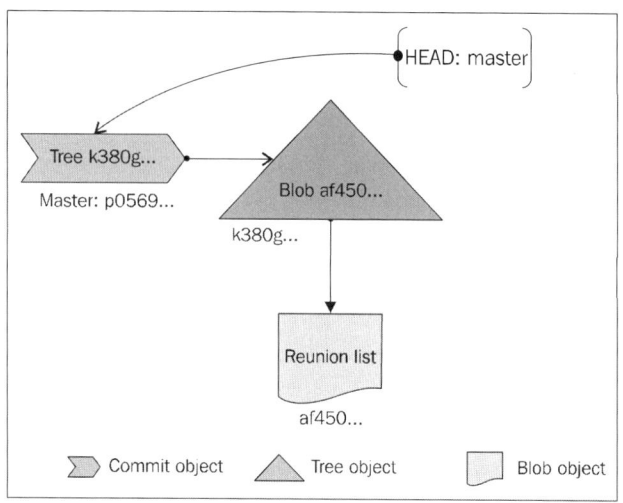

정리하자면 head는 분기 이름을 갖고 있지만 커밋의 SHA-1 ID 없이 커밋을 가리킨다. 커밋 ID만으로는 지점을 식별하기 힘들기 때문에 분기를 유지한 채로 분기 내부의 볼륨과 커밋 위치를 변경한다. 따라서 '분기를 이동'한다.

 몇 달 후 가비지 컬렉션 프로세스에 의해 소멸되므로 add 수행 이후 생성된 blob 객체와 tree 객체를 커밋하지 않았다고 걱정하지 않아도 된다.

git status를 실행해보면 스테이지staged에 있던 변경 사항들이 더 이상 스테이지staged에 나타나지 않음을 확인할 수 있다.

## 깃 상태(git status)

status 명령이 실행되면 깃은 파일의 경로와 크기를 확인한다. 차이가 없다면 별다른 일이 없지만, 차이가 있다면 앞에서 살펴봤던 대로 다른 해시들의 관계를 확인하는 해시를 계산한다.

파일의 경로를 비교하는 과정은 다음과 같다.

| 스테이지 번호 | 비교 | 관련 상태 메시지 |
|---|---|---|
| 1 | 최근 커밋의 인덱스에 존재하는 파일 경로 | Changes to be committed |
| 2 | 작업 중인 tree의 인덱스에 존재하는 파일 경로 | Changes not staged for commit |
| 3 | 작업 중인 tree 내에서 깃의 추적을 받지 않는 경로들(그리고 gitignore에 의해 무시되지 않거나 배타되지 않은 파일) | Changes not staged for commit |

첫 번째 상태는 이미 추가됐지만 커밋되지는 않은 변경 사항을 나타낸다. 따라서 git commit을 실행하면 버전 관리 프로세스가 완료된다.

두 번째와 세 번째 상태는 변경 사항들이 커밋을 하기 위해 아직 추가$^{staged}$되지 않았다는 것을 나타낸다. 따라서 버전 관리 프로세스를 완료하려면 먼저 git add를 실행해 변경 사항들을 추가한 후에 git commit을 실행해야 한다.

## 깃 복제(git clone)

clone 명령을 실행하면 내부적인 프로세스의 순서는 다음과 같다:

1. 목적지 디렉토리가 존재하지 않는다면 디렉토리를 생성하고, 목적지 디렉토리에서 git init을 실행한다.
2. 목적지 디렉토리 안에 소스 저장소의 분기들과 동일한 추적 분기들을 설정한다 (git remote).
3. .git 디렉토리 내부에 객체들과 참조들을 연결한다.
4. 마지막으로 체크아웃을 수행한다.

## 깃 원격(git remote)

remote 명령을 실행하면 깃은 .git/config에 위치한 로컬 설정 파일의 remote 영역을 읽고, 저장소에 추가된 remote 목록을 출력한다. 설정 파일 내부의 내용을 간단히 살펴보면 다음과 같다.

```
[remote "capsource"]
url = https://github.com/cappuccino/cappuccino
fetch = +refs/heads/*:refs/remotes/capsource/*
```

capsource는 저장소에 추가한 새로운 원격지가 가리키는 URL에 대한 별명(에일리어스, alias)이다. 이 섹션에서 눈에 띄는 참조 파라미터 두 개의 기능은 다음과 같다:

| 참조 파라미터 | 설명 |
| --- | --- |
| url | 이 파라미터는 저장소 내에서 추적하고, 공유하고, 콘텐츠를 얻으려는 원격지 저장소의 URL이다. |
| fetch | 이 파라미터는 깃에서 추적 가능한 원격지의 참조 정보(분기와 태그)다. 기본적으로 refs/heads/*로 지정된 원격 저장소에 관한 모든 참조를 추적한다. 이렇게 refs/remotes/capsource/*에 관한 참조 정보는 로컬 저장소의 디렉토리인 capsource 아래에 위치한다. |

## 깃 분기(git branch)

branch 명령을 실행하면 다음의 단계를 수행한다.

1. .git/refs/heads/에서 모든 분기 이름을 수집한다.
2. .git/HEAD에 위치한 HEAD를 참조해 현재 활성화돼 작업 중인 분기를 찾는다.
3. 모든 분기를 순서대로 오름차순으로 정렬하고, 현재 활성 상태인 분기에 별표(*)를 표시한다.

정리하자면 오직 저장소의 로컬 분기만 표시한다. .git/refs/remotes/에 저장돼 추적 중인 원격지 분기 목록을 모두 보고 싶다면 git branch -a를 사용하면 된다.

## 깃 태그(git tag)

tag 명령을 실행하면 깃은 다음 단계들을 수행한다.

1. 커밋이 참조하고 있는 SHA-1 ID를 가져온다.
2. 존재하는 태그명들 중에서 주어진 태그명을 검증한다.
3. 새로운 태그명이라면 명명 규약을 검증한다.
4. 규칙 내에 부합하는 이름이라면 태그 객체는 주어진 이름을 가지고 생성된 SHA-1 ID를 가지며 .git/refs/tags/에서 찾아볼 수 있다.

다음 그림을 통해 tag 객체와 다른 객체들 사이의 관계를 살펴볼 수 있다.

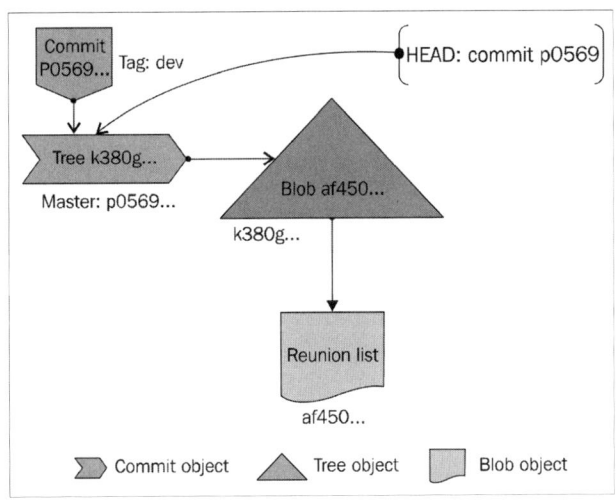

## ● 깃 패치(git fatch)

`fetch` 명령을 실행하면 깃은 다음 과정을 수행한다.

1. URL이나 원격지 이름을 점검하고, `git fetch(remote_name 또는 url)` 명령에서 지정된 깃 저장소에 대한 유효성을 확인한다.
2. 정의된 것이 없다면 설정 파일을 읽어 기본 설정된 원격지를 찾는다.
3. 찾았다면 원격 저장소로부터 이름이 지정된 참조(heads와 tags)와 관련된 객체들까지 가져온다.
4. 회복 가능한 참조 이름들은 나중에 병합이 가능하게 .git/FETCH_HEAD에 저장한다.

## ● 깃 병합(git merge)

`merge` 명령을 실행하면 깃은 다음의 과정을 수행한다.

1. 지정된 파라미터를 기반으로 heads 디렉토리로부터 병합 후보들을 식별한다.
2. 모든 heads의 공통된 조상을 찾아 메모리에 있는 모든 대상 객체들을 로드한다.
3. 공통 조상과 헤드 사이의 차이점 판별을 수행한다.
4. 두 head를 비교한다.
5. head 사이의 공통된 영역에서 변경 사항이 있다면 마커를 통해 충돌을 표시하고 사용자에게 안내한다(사용자가 충돌을 해결할 것이라고 기대하면서 변경 사항들을 추가하고 커밋한다).
6. 충돌한 곳이 없다면, 콘텐츠를 병합하고, 병합을 기술한 메타데이터를 커밋한다.

## 깃 풀(git pull)

pull 명령을 실행하면 깃은 내부적으로 다음의 과정을 수행한다.

1. 주어진 파라미터를 가지고 git fetch를 수행한다.
2. git merge를 호출해 현재 분기에 지정된 분기의 head를 병합한다.

## 깃 푸시(git push)

push 명령을 실행하면 깃은 다음과 과정을 수행한다.

1. 현재 분기를 확인한다.
2. 설정 파일에 기본 원격지가 존재하는지 탐색한다(찾을 수 없다면 git push를 실행할 원격지 이름이나 URL을 파라미터로 제공하라는 메시지를 표시한다).
3. 알고 있는 원격지 URL과 추적 중인 heads(branch)를 가져온다.
4. 원격지의 변화가 생긴 마지막 시간 이후에 변경된 내용이 있는지를 확인한다.
   - 원격지 저장소로부터 참조 목록들을 가져온다(git ls-remote를 사용).
   - 로컬 이력의 목록과 함께 항목들을 확인한다. 로컬 저장소의 이력을 확인해 원격지에서 마지막으로 적용한 부분과 최근 변경 사항 사이의 별다른 변화가 없음을 확인한다. 그리고 나면 깃을 통해 직접 원격지로 변경 사항을 푸시할 수 있다. 그런데 로컬 저장소의 이력이 원격지에서 깃의 원격 저장소에서 마지막으로 가져온 것과 다른 변경 사항이 있음을 파악할 수 있다. 그러면 깃은 푸시하기 전에 git fetch 혹은 git pull을 수행하게 요청한다.

## 깃 체크아웃(git checkout)

파라미터 없이 checkout 명령을 실행하면 깃은 다음 과정을 수행한다.

1. 작업 중인 tree에 지정된 경로들을 가져온다.

2. 인덱스와 관련된 객체들을 가져온다.

3. 인덱스에서 가져온 객체들과 작업 중인 tree의 콘텐츠들을 갱신한다.

그러나 파라미터의 사용에 따라서 동작들이 달라진다.

| 파라미터 | 설명 |
|---|---|
| -b | 이 작업은 커밋 ID로 언급된 체크아웃 위치에서 새로운 분기를 생성한다.<br>git checkout -b 〈분기 이름〉은 git branch 〈분기 이름〉을 실행한 후에 git checkout 〈분기 이름〉을 실행한다.<br>이 명령은 .git/refs/heads/ 내에 커밋 ID를 갖는 새로운 참조를 생성한다. |
| -track | 이 파라미터는 -b 파라미터를 통해 새로운 분기를 생성하면서 지정된 원격지의 분기를 설정하는 데 사용된다.<br>실행되면 .git 디렉토리 안에 있는 config 파일에 다음 항목들이 추가된다.<br>　　[branch "master"]<br>　　　　remote = origin<br>　　　　merge = refs/heads/master<br>이 실행 결과는 git checkout -track -b master origin/master와 동일하다. |

## 관계와 관계 엮기: 깃 packfiles

깃이 파일들의 콘텐츠를 확인해 지능적으로 콘텐츠에 관한 새로운 blob를 생성할지 기존의 blob를 참조할지 선택하는 방법을 살펴봤다. 또한 콘텐츠에 아주 작은 변화라도 발생하면 SHA-1 ID가 변경되기 때문에 깃에서 별도의 blob를 저장한다는 점을 이해했다.

각각 5MB의 크기를 갖는 두 개의 텍스트 파일이 각기 다른 위치에 있다고 가정해 보자. SHA-1 ID가 동일하다면 깃은 동일한 내용으로 간주하고 공간을 절약하기 위해 하나의 blob를 생성하고 저장할 것이다.

이제, 파일 중 하나에 한 줄을 덧붙인다. 깃은 변경 사항을 갖는 새로운 두 번째 blob(5MB를 초과하는)을 생성한다. 이 결과로 생성된 5MB 크기의 blobs 파일 두 개를 확인할 수 있는데, 여기서 다음과 같은 의문점이 생긴다.

- 왜 깃은 콘텐츠에 관한 새로운 blob를 생성한 것인가?
- 왜 변동 사항이 생긴 두 번째 파일에 관해서만 추가적으로 새로운 blob를 생성하는 대신, 두 파일 사이에 공유된 기존 blob를 가지고서 저장 공간을 아끼고 더 효과적으로 사용하지 않은 것인가?

음, 좋은 질문들이다. 깃은 packfiles라고 불리는 것들을 통해 대답한다. 앞서 시나리오에서 언급한 바와 같이 새롭게 생성된 객체는 느슨한 객체<sup>loose objects</sup>라고 하며 자동으로 처리되지만, 가끔 깃은 packfile이라 불리는 단일 바이너리 내에 여러 개의 느슨한 객체들을 묶는다.

## packfile 전송

깃은 refs, 일반 blob, tree, commint, tag 객체에 관한 전송을 지원하지만 packfiles에 관해서는 clone, fetch, push, pull만 지원한다. 고수준의 이야기지만, 깃은 원격지와 데이터를 전송하기 위한 두 가지 프로토콜을 갖고 있다.

- 하나는 클라이언트로부터 서버로 데이터를 푸시하는 것
- 다른 하나는 서버로부터 클라이언트로 데이터를 가져오는 것

| 구현 측면 | 프로세스 호출 | 설명 |
| --- | --- | --- |
| 서버 | Upload-pack | git fetch-pack에 의해 호출되며, 다른 측면에 없는 객체를 확인해 압축한 후에 전송한다. |
| 클라이언트 | Fetch-pack | 다른 저장소로부터 소실된 패키지를 능동적으로 받는다. 이 명령은 일반적으로 최종 사용자에 의해 호출되지 않고 이 명령을 상위 수준으로 감싼 git fetch가 실행된다. |
| 서버 | Receive-pack | git send-pack에 의해 호출되며, 저장소 안에 푸시된 것들을 받는다. |

(이어짐)

| 구현 측면 | 프로세스 호출 | 설명 |
|---|---|---|
| 클라이언트 | Send-pack | 다른 저장소에 대해 깃 프로토콜을 이용해 객체들을 푸시한다. 이 명령은 일반적으로 최종 사용자에 의해 직접 호출되지 않고, 이 명령을 상위 수준으로 감싼 git push가 대신 실행된다. |

## 정리

8장에서 배운 내용들은 다음과 같다.

- 깃 저장소의 구조와 각 구조가 버전 관리 프로세스에서 수행하는 역할
- 다양한 객체들과 깃이 그 객체를 이용해 어떻게 지능적으로 관리하는지

덧붙여서 버전 관리의 개념을 체득하기 위해 이전 장들에서 사용했던 init, add, commit, status, clone, fetch, merge, remote, pull, push, tag, branch, checkout 명령들을 내부적으로 상세히 살펴봤다.

뿐만 아니라 깃이 완성된 콘텐츠를 기반으로 하는 파일 사이의 관계를 이해하는 데에서 더 나아가 부분적인 콘텐츠에 대한 **packfile**의 형태에 관해 높은 수준에서 살펴봤다.

# 찾아보기

**기호/숫자**

.config 파일  174
.ginignore  72
.git  180
.git/FETCH_HEAD  192
.gitignore  72, 181
.pkg 파일  50
16진수 문자열  40
1인 플레이어  90
–a 파라미터  136
–d 파라미터  137
–f 파라미터  130
––global  67
–l  67
––local  67
–m 파라미터  136
–n 파라미터  120
–s 파라미터  122
––until 파라미터  125

**ㄱ**

가시성  34
가입 절차  94
간단한 실습  137
강제 분산 작업  147
개행 문자  49
경량 태그  132
경량/비주석 태그  132
계층적 구조 표현체  184
공유 준비  145
관계와 관계를 엮기  194
관리자용 비밀번호  51
구글 테크 토크 이벤트  40
구원의 .gitignore  72
그래프  133
글로벌 설정  65
기본 위치  45
깃  36
깃 packfiles  194
깃 도움말  86
깃 병합  192

깃 복제  189
깃 분기  190
깃 호스팅  118
깃을 사용한 분기  161
깃을 이용한 분산 작업  89
깃의 원리  179
깃허브  118

**ㄴ**

날짜 범위  124
노출되지 않은 저장소  114
노출된 저장소  112
느슨한 객체  195

**ㄷ**

다시하기  28
단어나 철자 검색  126
단축키  63
단축키 목록  94
대화형 병합 도구  154
데비안  43
되돌리기  28
되돌아가기  65

**ㄹ**

라인 피드  49
레지스트리  47
로그 검색  122
로컬 master  106
로컬 버전 관리 시스템  31, 32
로컬 뷰  154
로컬 설정  65
로컬 이력의 목록  193
리눅스  42, 43, 52
리눅스에 깃 설치  52
리비전 관리 시스템  32
리셋  59, 83

**ㅁ**

마스터 분기  183
맥  44

맥 OS X  42
맥에 깃 설치  50
맥포트  43
명령 프롬프트  63
명명 규약  32, 163
모질라 CVS 저장소  39
목적지 디렉토리  189
문서 편집기  154

## ㅂ

바이너리 데이터  142
배타 패턴  181
버전 관리 시스템  28, 31
버전 추적기  32
베이스 뷰  154
병합  141
보안성  39
분기  78, 161
분산 리비전 관리 시스템  54
분산 버전 관리 시스템  31, 34
비트버킷  92, 93

## ㅅ

사용자 정의 스크립트  181
설치  44
셋업 파일  44
소셜네트워크  27, 41, 59, 89, 117, 141, 161, 179
소프트웨어 접근 권한  50
숨김 상태  64
스냅샷  38
스테이지 변경 영역  62
시나리오  166
시냅틱  52

## ㅇ

아틀라시안  93
어드벤처 게임  144
언스테이지 변경 영역  62
에일리어스  98, 173
엑스코드 IDE  43
영역  62
우분투  54
우분투 11.10  57
우선순위  154
워드패드  142
원격 뷰  154

원격 연결  92
원격지 시스템  48
원격지 이름  192
원격지의 소스  91
원자성  37
윈도우  42, 43
유형 선택  42
이메일  109
인증  51
인증 대화상자  53
인터넷  91, 92
인트라넷  91, 111
읽기전용  64

## ㅈ

작업 재개  103
저장소  67
저장소 공유  145
저장소 이력 그래프  157
접근성  91
주석 태그  132, 136
준비  60
준비물  118
중간책 역할  112
중괄호  175
중앙 집중형 버전 관리 시스템  31, 33
지메일  63
짧은 로그  118
짧은 로그의 파라미터  120

## ㅊ

참조 이름  192
청소(Clean)  127
체크리스트  162
체크섬  39
체크아웃  32, 78
초기화  60, 180
초기화 절차  59
충돌  107
충돌 알림  184
충돌 해결  141

## ㅋ

카운터 스트라이크  117
커맨드라인 인터페이스  43
커밋  74

커밋 ID  79
커밋 로그  123
커밋 트리  148
커밋된 스테이징 영역  185
콘텐츠 차이점 영역  62
콘텐츠 추적 시스템  185
콘텐츠의 생성 흐름  30
콘트라  117

### ㅌ

태그 목록  132
태그 참조  135
태깅  79, 131
터미널  57, 63, 175
텍스트 데이터  142
텍스트 편집기  142
토픽 분기  170
특수 문자 ~  73
팀 플레이  144

### ㅍ

파라미터별 기능  122
파이썬  154
파일 구조  142
파일 추적 배제  70
파일 커밋  59
파일을 공유해야 하는 이유  90
패치 세트  32
패키지 관리자  43
포셀레인  180
플러밍  180
핑크  43

### ㅎ

하이브리드 시스템  34
해결책  92, 108
해시  188
현재 분기  163
현재 작업 공간  161
활동 영역  62
흐름도  156

### A

Action pane  62
add  186
Alias  98
All Files 옵션  73
Annotated  132
apply 버튼  56
apt-get  43
Atlassian  93

### B

backup  29
Bare repository  112
Bare_workbench  114
base view  154
Binary data  142
binary large object  182
Bitbucket  92
Blob  182
Bob의 변경  149
branch 명령  190
branching  78

### C

cappuccino 저장소  119
carriage return line feed  49
Centralized version control system  31
Change Directory  63
changes  30
check_branch  175
Checking out  59
checkout 명령  193
check-sum  39
Clean  127
CLI  43
CLI 모드  66, 81, 85, 97, 98, 113, 157, 168, 173
clone 명령  189
collab_source  145
command-line interface  43
Commit  74, 187
Commits  183
config  67, 181
configure  43
conflict  107
content.docx  70
Contra  117
Counter-Strike  117
Create repository  96
CRLF  49
current branch  163

## D

Debian   52
Description   182
Differential Content Pane   62
Distributed version control system   31
DOS 인터페이스   47

## E

exclude   130
exclusion pattern   181

## F

f()   175
Facebook   94
fetch 명령   192
Fetch-pack   195
Fink   43
generic_share   115

## G

Git   36
git add   69, 186
Git Bash Here   46
git branch   190
git checkout   81, 135, 193
git clean   129
git clone   91, 147, 189
git commit   76, 187
git config --global   66
git config -l   66
git config --local   66
Git fetch   91, 192
Git GUI Here   46
git help   87
git help hooks   181
git help operation_keyword   87
git init   63, 180
git log   81, 122
git log --graph   157
Git merge   91, 99, 192
git pull   99, 150, 193
git pull -u origin master   159
git push   92, 97, 99, 150, 193
git remote   92, 190
git remote add   98, 159
git reset --hard   86

git shortlog   119
git shortlog -n   120
git show   134
git status   69, 78, 128, 188
git tag   132, 191
Github   94, 118
gitk   78
Gitolite   112
Gmail   63
Google's tech talk event   40
graphical software management system   52
GUI   43
GUI 모드   64, 77, 84, 99, 103, 114, 157, 167
GUI에서 복잡한 에일리어스 추가   176

## H

hard reset   83
HEAD   183
hidden 상태   64
homebrew   43
hook_name.sample   181
Hooks   181

## I

Index   185
Info   181
init   64
Initiating the process   59

## L

LF   49
Lightweight   132
lingo   97
Local version control system   31
Local view   154
loose objects   195

## M

Macports   43
make   43
make install   43
meld   154
merge 명령   192
Merging   141
milestone   139
mycontent.txt   145

## N

Naming Convention 32
numbered 파라미터 121

## O

Objects 182
online_workbench 101
OpenSSH 48
origin 97

## P

packfile 전송 195
pageant 48
Plumbing 180
Porcelain 180
Pricing 93
Program Files 45
pull 명령 193
Push Branches 101
push 명령 193
putty 스위트 48
puttygen 48

## R

RCS 32
README 파일 129
ready-only 64
Receive-pack 195
Redo 28
Refs 184
remote view 154
remote 명령 190
repository 67, 84
Rescan 버튼 68
Resetting 59
Revision control system 32

## S

Save as type 73
Send-pack 196
SHA1 ID 79
SHA-1 해시 39
Shell 63
Shortlog 118
snapshot 38
Snow Leopard 44

SSH 세션 47
ssh-agent 48
ssh-keygen 48
staged 188
Staged Changed pane 62
Staged Changes 71
staging area 185
status 명령 188
synaptic 52

## T

tag 명령 191
tagging 79, 131
Tags 183
testfile.txt 174
Text Data 142
Topic branches 170
Trees 183
Twitter 94

## U

Undo 28
Unstage Changes pane 62
unstaged changes 69
unzip 43
Upload-pack 195
URL 192
Use OpenSSH 48

## V

VCS 28
version control system 28
version tracker 32

## W

Workbench 60

## X

Xcode IDE 43

 에이콘출판의 기틀을 마련하신 故 정완재 선생님 (1935-2004)

# Git을 이용한 버전 관리
각종 OS별 설치법부터 기본 원리와 고급 활용까지

인  쇄 | 2014년 4월 15일
발  행 | 2014년 4월 23일

지은이 | 라비샨카 소마순다람
옮긴이 | 김 지 헌

펴낸이 | 권 성 준
엮은이 | 김 희 정
　　　　박 창 기
　　　　김 영 은
표지 디자인 | 한국어판_그린애플
본문 디자인 | 김 보 람

인  쇄 | 한일미디어
용  지 | 한신P&L

에이콘출판주식회사
경기도 의왕시 계원대학로 38 (내손동 757-3) (437-836)
전화 02-2653-7600, 팩스 02-2653-0433
www.acornpub.co.kr / editor@acornpub.co.kr

Copyright ⓒ 에이콘출판주식회사, 2014, Printed in Korea.
ISBN 978-89-6077-547-3
ISBN 978-89-6077-210-6 (세트)
http://www.acornpub.co.kr/book/git

이 도서의 국립중앙도서관 출판시도서목록(CIP)은 서지정보유통지원시스템 홈페이지(http://seoji.nl.go.kr)와
국가자료공동목록시스템(http://www.nl.go.kr/kolisnet)에서 이용하실 수 있습니다.(CIP제어번호: CIP2014012099)

책값은 뒤표지에 있습니다.